驻秦高校语言文字应用调查研究

李丽　彭宗忠　著

燕山大学出版社

2019 ·秦皇岛

图书在版编目(CIP)数据

驻秦高校语言文字应用调查研究/李丽,彭宗忠著
.—秦皇岛:燕山大学出版社,2019.12
ISBN 978-7-81142-755-4

Ⅰ.①驻… Ⅱ.①李…②彭… Ⅲ.①高等学校—汉
语—语言学—调查研究—秦皇岛 Ⅳ.①H1

中国版本图书馆 CIP 数据核字(2019)第 042745 号

驻秦高校语言文字应用调查研究

李 丽 彭宗忠 著

出 版 人:陈 玉
责任编辑:柯亚莉
封面设计:吴 波
出版发行:燕山大学出版社
地　　址:河北省秦皇岛市河北大街西段 438 号
邮政编码:066004
电　　话:0335-8387555
印　　刷:北京建宏印刷有限公司
经　　销:全国新华书店

开　　本:700 mm×1000 mm 1/16　**印　　张**:11　**字　　数**:160 千字
版　　次:2019 年 12 月第 1 版　**印　　次**:2019 年 12 月第 1 次印刷
书　　号:ISBN 978-7-81142-755-4
定　　价:32.00 元

前言

《中华人民共和国国家通用语言文字法》2001年1月1日正式实施，确立了普通话和规范汉字的“国家通用语言文字”的法定地位。《国家中长期语言文字事业改革和发展规划纲要(2012—2020年)》指出：语言文字事业具有基础性、全局性、社会性和全民性特点，是国家文化建设和社会发展的重要组成部分，事关历史文化传承和经济社会发展，事关国家统一和民族团结，事关国民素质提高和人的全面发展，在国家发展战略中具有重要地位和作用。《国家语言文字事业“十三五”发展规划》明确提出把学校作为国家通用语言文字推行普及的主阵地和主渠道。2017年2月，教育部、国家语委印发《关于进一步加强学校语言文字工作的意见》，明确指出学校语言文字工作的学生目标是：普通话水平达标，口语表达清晰达意，交流顺畅；掌握相应学段应知应会的汉字和汉语拼音，具有与学段相适应的书面写作能力、朗读水平和书写能力，高校学生应具有一定的书法鉴赏能力；具有对中华优秀文化的认同感、自豪感和自信心。教师目标是熟悉党和国家语言文字方针政策及相关法律法规，普通话水平达标，汉字应用规范、书写优美，具有一定的朗诵水平和书法鉴赏能力，熟练掌握相关语言文字规范标准；具有高度的文化自觉和文化自信；普遍具有自觉推广国家通用语言文字与中华优秀文化的意识和自豪感。学校语言文字工作的总体目标是打造全社会语言文字规范化建设的示范标杆，培养学生的“一种能力，两种意识”。“一种能力”即语言文字应用能力；“两种意识”即自觉规范使用国家通用语言文字的意识和自觉传承弘扬中华优秀传统文化的意识。

可以说高校语言文字工作任重道远。我们以河北省秦皇岛市的高等院校为研究对象，深入调查驻秦高校的语言文字应用状况，希望能够对目前的高校语言文字工作有一个全面的认识，总结成绩，发现问题，更好地继续开展工作。

目录

第一章 绪 论

《中华人民共和国教育法》规定:“学校和其他教育机构进行教学,应当推广使用全国通用的普通话和规范字。”可以说学校是推行普及国家通用语言文字、培养国民语言文字规范意识的重点领域。高校更是推广和普及国家通用语言文字的重要阵地。高校在培养专业性人才的同时,也肩负着提升社会高素质劳动者语言文字应用能力的重任。河北省秦皇岛市拥有燕山大学、东北大学秦皇岛分校等 11 所高校,校园内语言使用较为复杂,我们对驻秦高校的语言文字应用状况展开调查研究,掌握大量第一手材料,认真归纳,提出处理意见,有利于推动高校语言文字规范化工作,同时对秦皇岛市乃至河北省及全国范围内的语言文字工作也有一定的参考意义。

一、秦皇岛市自然地理环境

秦皇岛市隶属河北省,地处河北省东北部。介于北纬 39°24′~40°37′、东经 118°33′~119°51′之间。南临渤海,东北与辽宁省葫芦岛市绥中县、建昌县和朝阳市凌源县接壤,西北接界河北省承德市宽城满族自治县,西靠唐山市滦县、迁安、迁西、滦南四县市。

秦皇岛市辖海港、北戴河、山海关、抚宁区四个城市区和昌黎、卢龙、青龙满族自治县三个县及秦皇岛经济技术开发区、北戴河新区,陆域面积 7802 平方公里,海域面积 1805 平方公里,海岸线由东北向西南延伸,总长 126.4 公里。海港区为秦皇岛市政府所在地。2017 年末全市常住人口 311.08 万人。①

秦皇岛属于暖温带半湿润大陆性季风气候。因受海洋影响较大,春季少雨干燥,夏季温热无酷暑,秋季凉爽多晴天,冬季漫长无严寒。全市平均气温 11.1℃,平均最高 24.8℃,最低零下 8.9℃,年平均降水 602.3 毫米,空气年平均相对湿度为 61%。②

---

① 数据来源秦皇岛人民政府网 http://www.qhd.gov.cn。

② 数据来源秦皇岛人民政府网 http://www.qhd.gov.cn。

秦皇岛拥有大海、长城、沙滩、湖泊、青山、温泉、湿地等丰富的旅游资源，拥有老龙头、天下第一关、角山长城、姜女庙、海滨国家级森林公园、山海关国家级森林公园、昌黎黄金海岸国家级自然保护区、柳江盆地地质遗迹自然保护区等自然景观。

二、秦皇岛市历史沿革

秦皇岛历史悠久。市现境域在商周、春秋战国时期属孤竹国、肥子国；秦汉时期，大体以明长城为界，北部属右北平郡，南部属辽西郡；三国、西晋、东晋时期地属幽州辽西郡、北平郡；南北朝时期属平州辽西郡、北平郡；隋朝时期，秦皇岛全境分属北平郡、辽西郡；唐朝、五代时期分属河北道的平州、营州；辽时全境分属南京道与中京道；金时期全境分属中都路、北京路；元朝分属中书省和辽阳行省；明朝时期属山东行省永平路，辖卢龙县、昌黎县、抚宁县；有清一代隶属直隶省永平道永平府，道、府设在卢龙县城。光绪二十四年(1898 年)，矿务大臣张翼奏准开秦皇岛为商埠，修建海运码头，对外开放；民国初，裁卢龙县，保留永平府及抚宁县、昌黎县、临榆县，属直隶省渤海道；民国三年(1914 年)，恢复卢龙县建制，撤销永平府，卢龙县、昌黎县、抚宁县、临榆县属直隶省津海道；1941 年至 1944 年，在日伪占领区的五县县城建立伪县政府；1945 年至 1948 年国民党时期，国民党政权在卢龙、昌黎、临榆、抚宁县城建立国民党县政府；1948 年 11 月 27 日，秦皇岛解放，12 月在秦皇岛建立秦榆市(含秦皇岛、山海关、北戴河)，昌黎县改建昌黎市，青龙县地属热河省，其他属河北省唐山地区行政专员公署；1949 年 3 月 11 日，山海关划归辽西省，建山海关市，秦榆市改为秦皇岛市，为河北省直辖市，昌黎市并入昌黎县，青平县并入青龙县；1952 年 11 月，山海关市撤销，划归秦皇岛市；1954 年 7 月，临榆县撤销，大部并入抚宁县；1956 年 1 月，热河省建制撤销，青龙县划归河北省承德专区；1958 年 4 月，秦皇岛市由省辖改属唐山专区；1961 年 5 月，秦皇岛市、抚宁县、昌黎县、卢龙县恢复原建制，秦皇岛市辖海港、北戴河、山海关区，市县均属河北省唐山专区，青龙县属承德专区；1983 年 5 月 15 日，唐山专区撤销，卢龙县、昌黎县、抚宁县、青龙县划归秦皇岛市管辖。2015 年 8 月，抚宁县撤销，设立秦皇岛市抚宁区，将原抚宁县的石门寨镇、驻操营镇、杜庄划归秦皇岛海港区管辖，将原抚宁县的牛头崖镇划归秦皇岛市北戴河区管辖。除此之外，以原抚宁县的行政区域为抚宁区的行政区域。

秦皇岛市行政区划为四区和三县,即海港区、山海关区、北戴河区、抚宁区和青龙满族自治县、昌黎县、卢龙县。

三、秦皇岛市语言地理环境

从语言地图①分布来看,秦皇岛所辖四区三县属于冀鲁官话区保唐片抚龙小片。秦皇岛的西北部与北京官话区的京承片怀承小片接壤,东北部与东北官话区的哈阜片长锦小片毗邻。

冀鲁官话区保唐片抚龙小片的语音特征是古入声清音声母字归阴、阳、上、去四声,其中归阴平、上声的字比北京多;上声、去声的调值多与北京话相同,阴平、阳平的调值与北京话差异很大。② 北京官话区的京承片怀承小片的语音特征是"鹅爱矮袄藕安暗恩昂"读[ŋ]或[n]。东北官话区哈阜片长锦小片的语音特征是古精知庄章组字(北京话读[tʂ tʂ^{h} ʂ]声母)长锦小片自由变读为[ts ts^{h} s]或[tʂ tʂ^{h} ʂ],通常多读[ts ts^{h}s]。古入声的清音声母字今读上声的比北京多得多。四声的调值和北京相近,但阴平的调值比北京低。③

实际上,保唐片的语言地理归属,学者们早就有讨论。如张树铮认为保唐片方言应该归属北京官话。④ 钱曾怡在 2010 年谈道,"清代之后的北京话无论与冀鲁官话有什么千丝万缕的联系,其调值系统属于东北话应该是不可否认的事实。今北京官话与冀鲁官话保唐片的主要区别在于调值,因此,北京地区变为不同于保唐片的独立官话区,应该就是满人入住北京之后的事情。入清之后,随着京都地位的确立和巩固,北京音的强势作用逐渐发挥,位处京畿的保唐片自然先受其影响……从历史看,保唐地区从五代时期便与中原地区脱节而与东北地区一体;从后晋儿皇帝石敬瑭将燕云十六州(今保唐片绝大部分地区以及北京属此)割让给契丹,直到北宋末年,保唐地区(包括北京)与中原地区分属不同政治实体的状况延续了有二百年之久。这也是东北地区汉语与保唐地区汉语密切交融的时期。因此,保唐片

---

① 中国社会科学院语言研究所等《中国语言地图集》(第 2 版),商务印书馆,2012 年。

② 贺巍《中国语言地图集 官话之二》,(香港)朗文出版(远东)有限公司,1987 年。

③ 刘淑学《中国语言地图集(第 2 版) 官话之三 冀鲁官话》,商务印书馆,2012 年;
张志敏《中国语言地图集(第 2 版) 官话之二 北京官话》,商务印书馆,2012 年;
张志敏《中国语言地图集(第 2 版) 官话之一 东北官话》,商务印书馆,2012 年。

④ 张树铮《论保唐片方言的归属》,《山东大学学报》(哲社版),2012 年第 4 期。

与北京官话及其前身东北官话的特点相近是其来有自的。而在现代,随着普通话的推广,保唐地区受到普通话的影响自然更是‘近水楼台’。可以预见,保唐片方言‘脱冀入京’的演变趋势将会越来越明显。我们目前仅是暂时维持保唐片在冀鲁官话中的地位。”①

四、秦皇岛市教育概况

秦皇岛市现有各级各类学校947所,在校生人数56.48万人,教职工人数4.56万人。其中,特殊教育学校5所,在校生人数468人,教职工人数206人;幼儿园317所,在园幼儿数7.75万人,教职工人数0.51万人;小学416所,在校生人数19.54万人,教职工人数1.44万人;初级中学126所(含九年一贯制),在校生人数8.14万人,教职工人数0.97万人;普通高中28所(含十二年一贯制),在校生人数4.48万人,教职工人数0.45万人;中等技工学校6所,在校生人数0.64万人,教职工人数0.07万人;中等职业学校38所,在校生人数2.52万人,教职工人数0.29万人;高等院校11所,在校生人数13.36万人,教职工人数0.81万人。② 高等院校分别是燕山大学、燕山大学里仁学院、东北大学秦皇岛分校、河北科技师范学院、河北环境工程学院、东北石油大学秦皇岛校区、河北农业大学海洋学院、河北建材职业技术学院、河北对外经贸职业学院、秦皇岛职业技术学院、北京理工大学秦皇岛分校。

燕山大学是全国性重点大学。学校位于秦市海港区河北大街西段438号,占地面积4000亩,建筑面积106万平方米。现有教职工3200人,其中专职教师2200人。现有普通高等教育在校生38000人,研究生在校生人数8053人,其中博士研究生764人,全日制学术学位硕士研究生3771人,全日制专业学位硕士研究生2738人,非全日制专业学位硕士研究生780人。③ 近年来本科河北省生源占总招生人数的52%。

燕山大学里仁学院成立于2001年,是经河北省人民政府批准、教育部确认的独立学院,位于燕山大学西校区,占地1020余亩,建筑面积38万平方米,现有在校

① 钱曾怡《汉语官话方言研究》,齐鲁书社,2010年。

② 数据来源于秦皇岛市教育局门户网站http://www.qhdedu.cn。

③ 数据来源于燕山大学官网。

生 8500 余人①，教职工 974 人，专任教师 825 人。近年来本科河北省生源占总招生人数的 57%。

东北大学秦皇岛分校始建于 1987 年，是东北大学②的有机组成部分，培养包括本科生、硕士研究生、博士研究生等在内的各类高级专门人才。校区位于秦市经济技术开发区泰山路 143 号，占地总面积 700.68 亩，建筑面积 348527.38 平方米，现有教职工 828 人，全日制统招在校本科生 9932 人，博士、硕士研究生 390 人。③本科河北省生源占总招生人数的 11%。

河北科技师范学院是师范类本科院校，始建于 1941 年，现有秦皇岛、开发区、昌黎 3 个校区。秦皇岛校区位于秦皇岛市海港区河北大街西段 360 号，昌黎校区位于昌黎县城关镇四街河东 113 号，开发区校区位于秦市经济技术开发区秦皇西大街 106 号。学校占地面积 95 万平方米(1424 亩)，建筑面积 41.5 万平方米。现有专任教师 1041 人，全日制本科生 19058 人、硕士研究生 487 人。河北省生源占总招生人数的 85%。④

河北环境工程学院是环境类本科院校。其前身是中国环境管理干部学院，1981 年建院，2016 年升本。校园位于秦皇岛市北戴河区金港大道 8 号，总占地 665.12 亩，校舍建筑面积 21.5 万平方米。现有教职工 498 人，专任教师 366 人，全日制在校生 7600 余人。⑤ 河北省生源占总招生人数的 61%。

东北石油大学秦皇岛校区创建于 1985 年，是东北石油大学⑥的重要组成部分。校区位于秦皇岛市海港区河北大街西段 550 号，占地 33.30 万平方米。现有教职工 291 人，专任教师 205 人。设有 10 个本科专业和 23 个高职专业，现有全日制在校生 5384 人。⑦

河北农业大学海洋学院(秦皇岛校区)是河北农业大学的五个校区之一。河

---

① 数据来源于燕山大学官网。

② 东北大学位于辽宁省沈阳市，是国家首批“211 工程”和“985 工程”重点建设的高校。

③ 数据来源于东北大学秦皇岛分校官网。

④ 数据来源于河北科技师范学院官网。

⑤ 数据来源于河北环境工程大学官网。

⑥ 东北石油大学原名东北石油学院、大庆石油学院，位于黑龙江省大庆市，是黑龙江省重点建设的高水平大学。

⑦ 数据来源于东北石油大学官网、东北石油大学秦皇岛校区官网。

北农业大学目前有保定东校区、保定西校区、秦皇岛校区、定州校区、渤海校区，校园占地181万余平方米(2700余亩)，建筑面积近129万平方米。在职教职工3000余人。现有全日制本科生28214名，硕士研究生2155名，博士研究生294名，外国留学生18名。① 河北农业大学海洋学院(秦皇岛校区)位于秦皇岛市海港区河北大街东段52号，占地71280平方米，以海洋科学、水产养殖学为主。现有专职教师105人②，全日制本科生约为1500名。

河北建材职业技术学院是一所高等职业技术学院。学院位于秦皇岛市海港区文育路8号，占地242亩，总建筑面积17万多平方米。现有教职工493人，全日制在校生近10000人。③ 河北省生源占总招生人数的92%。

河北对外经贸职业学院是一所语言类高等专科学校。学院位于秦市北戴河新区戴河大街6号，占地528亩，建筑面积20万平方米。现有教职工500多人，在校生9000多人。④ 学院面向全国20余个省份招生，河北省生源占总招生人数的89%。

秦皇岛职业技术学院是一所全日制普通高等专科学校。学院位于秦市北戴河区联峰北路90号，占地面积700余亩。现有教职工633人。目前在校生6000余人。⑤ 河北省生源占总招生人数的88%。

北京理工大学秦皇岛分校建于1984年，是教育部指定的六个国家级少数民族预科教育培养基地之一，目前为南京理工大学、南京航空航天大学、北京理工大学、北京航空航天大学、西北工业大学、哈尔滨工业大学、哈尔滨工程大学等7所大学培养一年制民族预科生。校园位于秦市北戴河区育花路28号，占地30余亩，建筑面积1万平方米。现有教职员工80多人。⑥ 招生规模每年500余人。

---

① 数据来源于河北农业大学官网。

② 数据来源于河北农业大学海洋学院官网。

③ 数据来源于河北环境工程大学官网。

④ 数据来源于河北对外经贸职业学院官网。

⑤ 数据来源于秦皇岛职业技术学院官网。

⑥ 数据来源于北京理工大学官网。

第二章　驻秦高校普通话使用情况调查

2017年3月14日，教育部、国家语言文字工作委员会印发《国家通用语言文字普及攻坚工程实施方案》，强调学校是推行普及国家通用语言文字、培养国民语言文字规范意识的重点领域，学校教育是提高国民语言文字应用能力的主要渠道。各级各类学校要重视加强学校的语言文字工作，通过学校语言文字规范化建设工作，创造良好的普通话使用环境，确保学生具有较强的语言文字规范意识和语言文字应用能力。同时注意发挥学校对社会和家庭的辐射带动作用，鼓励学生帮助家长学习提高普通话水平，提供条件、鼓励教师积极承担本地青壮年农民、牧民的普通话培训等相关工作。

秦皇岛市各级各类学校在推广普通话、使用规范汉字的的语言文字工作中，已经实现了学校教师用普通话教学、学生用普通话交流、学校宣传文字使用规范的常态。在驻秦高校中，燕山大学是规模最大、层次最高的高等院校，无论是教师还是学生都来自全国各地，其普通话水平具有一定的代表性。我们重点考察燕山大学普通话的使用情况。

燕山大学的校园语言是普通话。教师上岗前都经过了普通话培训和水平测试，取得了合格的证书。各个专业也对学生的普通话水平制定了相关要求。目前每年大约有5000人参加普通话水平测试，97.6%的测试者获得二级乙等以上等级的证书。可以说，校园内的工作语言和日常交际语言就是普通话。

我们采用语音实验的方法，考察燕山大学普通话单字调的统计特征。简单讲就是对发音人全部声调的取样录音资料进行实验分析，每个声调平均选取若干个测量点，得到每个测量点的平均音高数据。然后将音高数据根据T值①计算公式归一化，以T值为依据画出调形曲线，组成声调格局。最后将若干声调格局进行比较，考察特征。我们共对245个发音人的发音进行了采样，最终审核确定89人的样本进行实验和统计分析。

---

① T值计算公式是 $T=[(\lg x-\lg min)/(\lg max-\lg min)]\times 5$，参见石峰《天津方言双音字组声调分析》，《语言研究》1986年第1期。（收入《语音学探微》，北京大学出版社，1990年）

一、声学实验和统计分析的基本步骤和程序

（一）制作发音字表

例字选择 ba、mi、zhu①，每个音四个声调，共得到 12 个音节：八（bā）、拔（bá）、靶（bǎ）、爸（bà）、咪（mī）、迷（mí）、米（mǐ）、密（mì）、朱（zhū）、竹（zhú）、主（zhǔ）、住（zhù）。每个例字随机读 3 遍，最终形成 36 个音节。

（二）选择发音人

综合考虑年龄（在校时间长短）、生长地、性别、语言背景等因素，我们选定 89 位发音人。其中男性 46 人，女性 43 人。20 岁以下者 14 人，占总人数的 15.7%；21～22 岁者 35 人，占总人数的 39.4%；23～27 岁者 20 人，占总人数的 22.5%；28～44 岁者 10 人，占总人数的 11.2%；45 岁以上者 10 人，占总人数的 11.2%。就地域来看，来自河北省者 35 人，占总人数的 39.3%；来自黑吉辽三省者 16 人，占总人数的 18%；来自天津、山西、山东等 15 个省市者 38 人，占总人数的 42.7%。

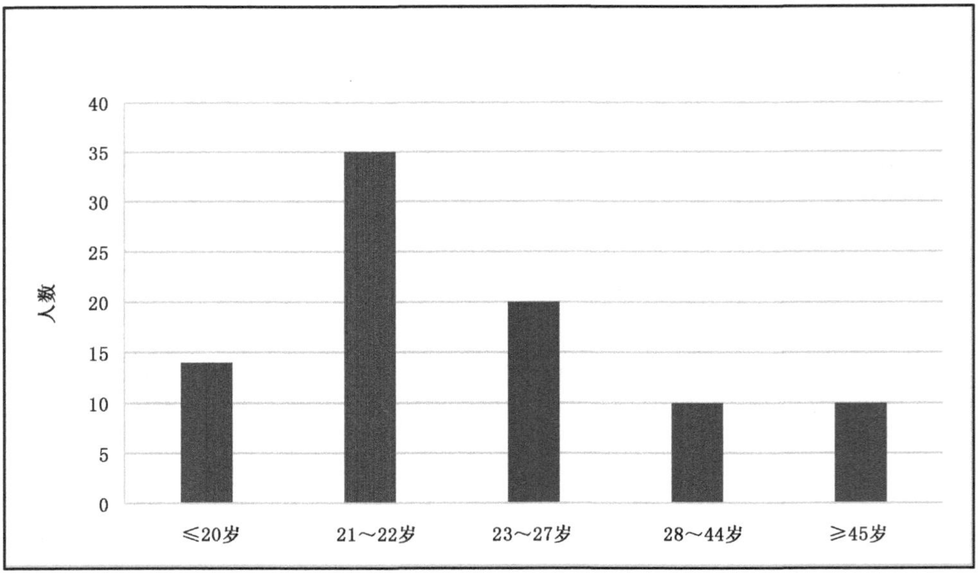

图 2.1.1　发音人年龄分布图

---

① 主要考虑单元音 a、i、u 稳定清晰，声母塞音 b、鼻音 m、塞擦音 zh 清浊搭配可以抵消对韵母发音的影响。

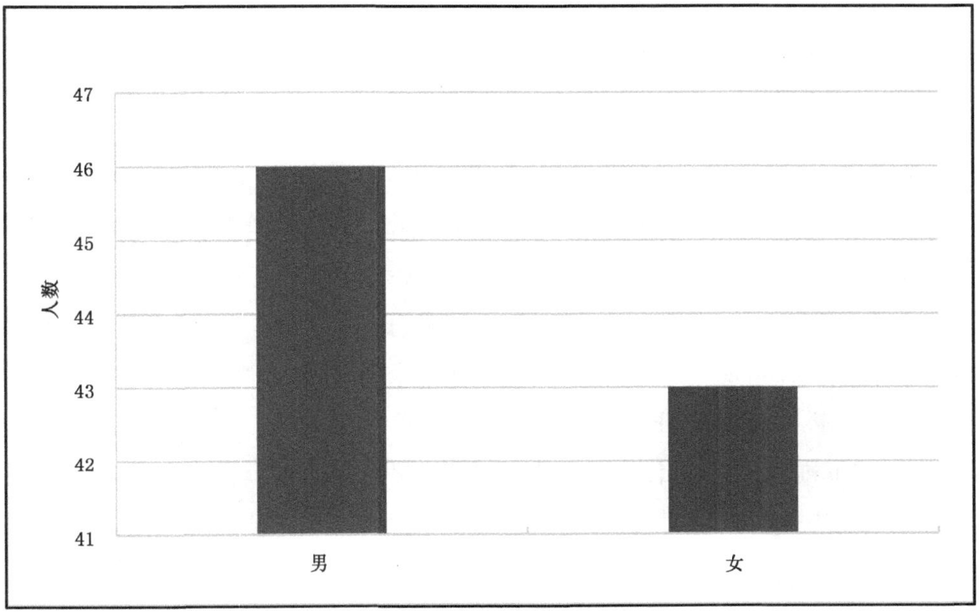

图 2.1.2　发音人性别分布图

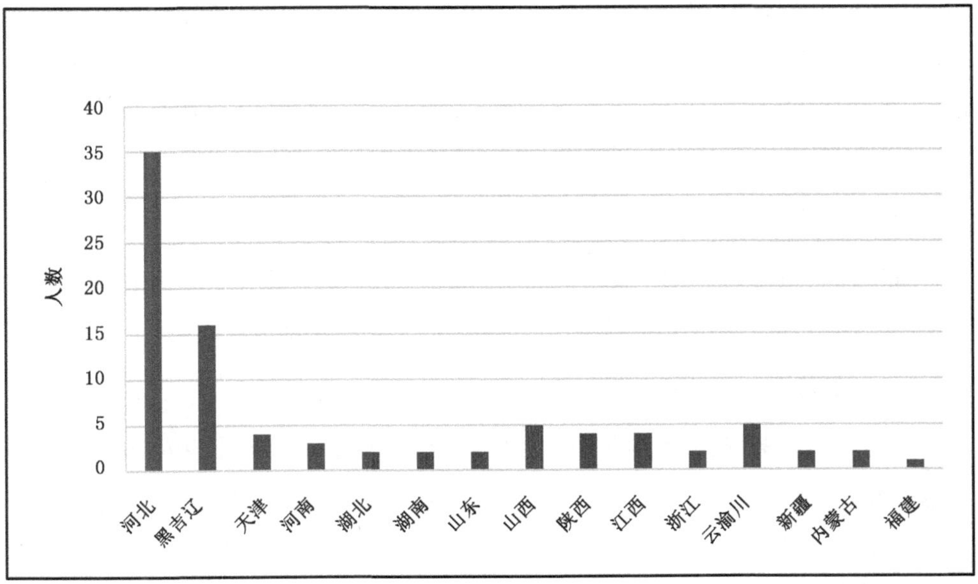

图 2.1.3　发音人地区分布图

特别说明的是,20 岁以下发音人是大一学生,21 ~ 22 岁发音人是大三、大四学生,23 ~ 27 岁发音人本科、研究生阶段均在燕山大学就读。28 ~ 44 岁和 45 岁以上发音人为教工,28～44 岁发音人在校工作时间少于 15 年,45 岁以上发音人在校工作时间多于 15 年。

（三）语音录制

采用雅马哈 XU 型号模拟调音台、电容麦克等设备,利用 Adobe Audiotion 软件(单声道、16000 采样、样本宽度 16)在专门录音室无噪音干扰状态下进行录制。每个发音人先就练习发音文本进行发音练习。练习发音文本为:1. 天(tiān);2. 地(dì);3. 年(nián);4. 对(duì);5. 错(cuò);6. 家(jiā);7. 人(rén);8. 师(shī);9. 生(shēng);10. 中(zhōng)。口舌得到一定练习、心态平和后进行正式录音。12 个音节"八(bā)、拔(bá)、靶(bǎ)、爸(bà)、咪(mī)、迷(mí)、米(mǐ)、密(mì)、朱(zhū)、竹(zhú)、主(zhǔ)、住(zhù)"打乱顺序排列,保证每个音节发音 3 次,每人发音样本为 36 个。共得到录音样本 36×89＝3204 个。

（四）标注样本文件

将得到的 36×89＝3204 个样本,使用转换软件 Pcm2wav 转为采样率为 16000 的 WAV 声音文件。用 Pratt 语音分析软件进行语音标注。具体操作步骤为:将每组发音样本 WAV 声音文件按照阴平、阳平、上声、去声分类。打开 Praat,导入 WAV 文件,生成 TEXTGRID 文件,将 3204 个发音样本逐个进行音节、声母、韵母、声调标注。

（五）提取数据,绘制图表

将标注好的 TEXTGRID 文件按照 5 个点提取数据,导入 xsl 文件,核查数据,计算各点平均值,将平均值转换为 T 值。按照 T 值绘制声调图表。

二、数据统计结果及调形图

得到以下数据:燕山大学校园普通话数据、教工普通话数据、学生普通话数据、分地域普通话数据(河北地区与非河北地区)以及分年龄段普通话数据(20 岁以下,21～22 岁,23～27 岁,28～44 岁,45 岁以上)。每组数据又按性别分为男声[①]组数据、女声[②]组数据。

---

① 本书特指男性声调。

② 本书特指女性声调。

（一）校园普通话数据

1. 综合数据

表 2.2.1　燕大普通话声调音高均值表(单位:Hz)

调类	基频(Hz)				
	第 1 均分点	第 2 均分点	第 3 均分点	第 4 均分点	第 5 均分点
阴平	202.7	203.4	204.2	204.2	204.1
阳平	161.4	156.5	165.4	186.5	205.6
上声	161.4	138.1	123.4	145.0	157.4
去声	230.2	224.0	196.4	163.7	144.8

表 2.2.2　燕大普通话声调音高均值表(单位:T 值)

调类	基频(T 值)				
	第 1 均分点	第 2 均分点	第 3 均分点	第 4 均分点	第 5 均分点
阴平	4.0	4.0	4.1	4.1	4.0
阳平	2.2	1.9	2.4	3.3	4.1
上声	2.2	0.9	0.0	1.3	2.0
去声	5.0	4.8	3.7	2.3	1.3

绘制成图如下：

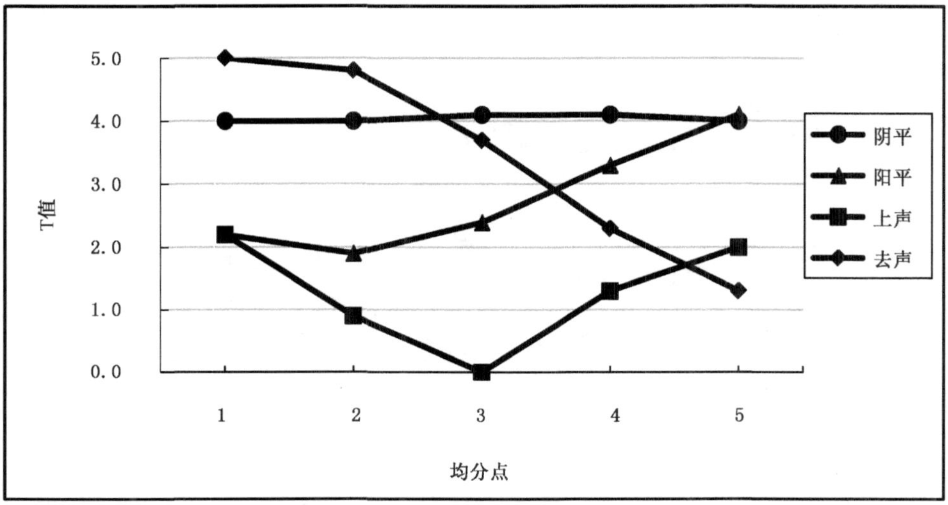

图 2.2.1　燕大普通话声调调形图

燕大普通话声调调值可以记录为：阴平 44，阳平 35，上声 313，去声 52。

2. 男声组数据

表 2.2.3　燕大(男)普通话声调音高均值表(单位：Hz)

调类	基频(Hz)				
	第 1 均分点	第 2 均分点	第 3 均分点	第 4 均分点	第 5 均分点
阴平	147.1	147.9	149.1	149.3	148.4
阳平	117.0	114.1	122.6	139.4	153.4
上声	116.9	102.6	97.6	109.1	118.5
去声	171.8	167.7	147.1	123.3	108.5

表 2.2.4　燕大(男)普通话声调音高均值表(单位：T 值)

调类	基频(T 值)				
	第 1 均分点	第 2 均分点	第 3 均分点	第 4 均分点	第 5 均分点
阴平	3.7	3.7	3.8	3.8	3.7
阳平	1.6	1.4	2.0	3.2	4.0
上声	1.6	0.5	0.0	1.0	1.7
去声	5.0	4.8	3.7	2.1	0.9

绘制成图如下：

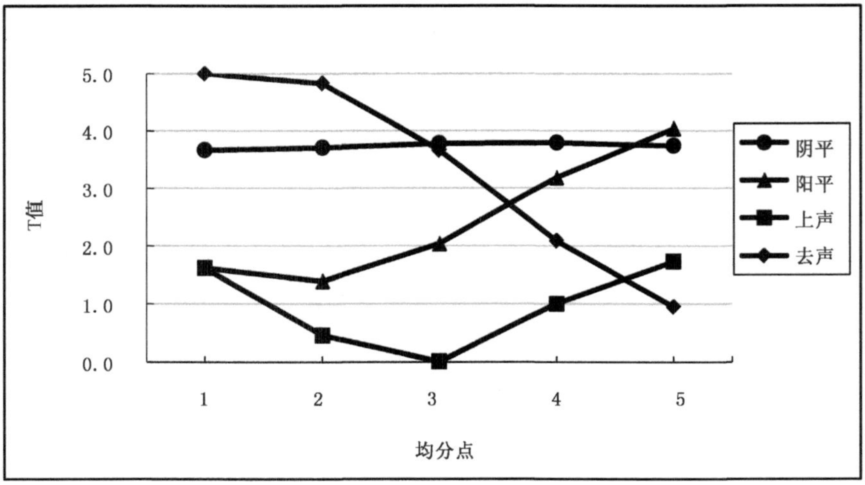

图 2.2.2　燕大(男)普通话声调调形图

燕大男性普通话声调调值可记录为：阴平 44，阳平 24，上声 212，去声 52。

3. 女声组数据

表 2.2.5　燕大（女）普通话声调音高均值表（单位：Hz）

调类	基频（Hz）				
	第 1 均分点	第 2 均分点	第 3 均分点	第 4 均分点	第 5 均分点
阴平	258.4	259.1	259.5	259.4	259.9
阳平	205.8	199.0	208.2	233.5	257.8
上声	206.0	173.6	149.3	180.8	196.3
去声	288.7	280.2	245.7	204.2	181.3

表 2.2.6　燕大（女）普通话声调音高均值表（单位：T 值）

调类	基频（T 值）				
	第 1 均分点	第 2 均分点	第 3 均分点	第 4 均分点	第 5 均分点
阴平	4.2	4.2	4.2	4.2	4.2
阳平	2.5	2.2	2.5	3.4	4.2
上声	2.5	1.2	0.0	1.5	2.1
去声	5.0	4.8	3.8	2.4	1.5

绘制成图如下：

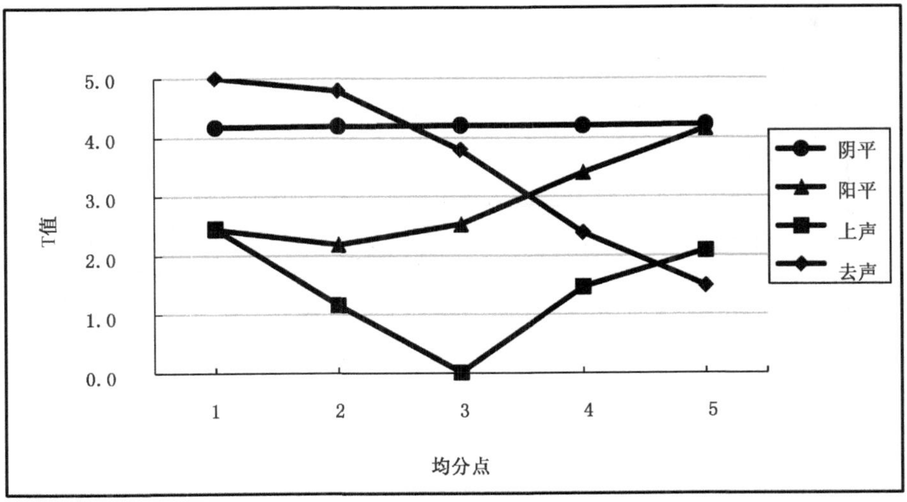

图 2.2.3　燕大（女）普通话声调调形图

燕大女性普通话声调调值可记录为:阴平 55,阳平 35,上声 313,去声 52。

(二) 教工普通话数据

1. 综合数据

表 2.2.7　教工组普通话声调音高均值表(单位:Hz)

调类	基频(Hz)				
	第 1 均分点	第 2 均分点	第 3 均分点	第 4 均分点	第 5 均分点
阴平	205.0	206.1	206.6	206.3	203.4
阳平	159.7	154.8	166.0	193.5	213.4
上声	157.6	134.3	122.2	144.5	159.0
去声	241.5	233.8	201.0	166.2	143.4

表 2.2.8　教工组普通话声调音高均值表(单位:T 值)

调类	基频(T 值)				
	第 1 均分点	第 2 均分点	第 3 均分点	第 4 均分点	第 5 均分点
阴平	3.8	3.8	3.9	3.9	3.8
阳平	2.0	1.7	2.3	3.4	4.1
上声	1.9	0.7	0.0	1.2	1.9
去声	5.0	4.8	3.7	2.3	1.2

绘制成图如下:

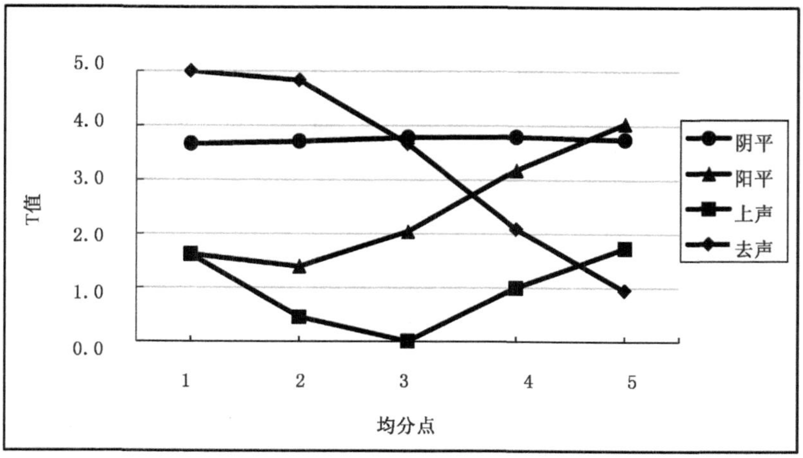

图 2.2.4　教工组普通话声调调形图

教工组普通话声调调值可以记录为:阴平44,阳平25,上声212,去声52。

2. 男声组数据

表2.2.9　教工组(男)普通话声调音高均值表(单位:Hz)

调类	基频(Hz)				
	第1均分点	第2均分点	第3均分点	第4均分点	第5均分点
阴平	153.0	153.6	154.7	155.4	152.8
阳平	120.3	116.4	125.0	147.8	163.1
上声	118.6	102.3	97.9	110.2	126.3
去声	190.7	186.0	160.6	135.4	116.3

表2.2.10　教工组(男)普通话声调音高均值表(单位:T值)

调类	基频(T值)				
	第1均分点	第2均分点	第3均分点	第4均分点	第5均分点
阴平	3.4	3.4	3.5	3.5	3.4
阳平	1.6	1.3	1.8	3.1	3.9
上声	1.5	0.3	0.0	0.9	1.9
去声	5.0	4.8	3.7	2.4	1.3

绘制成图如下:

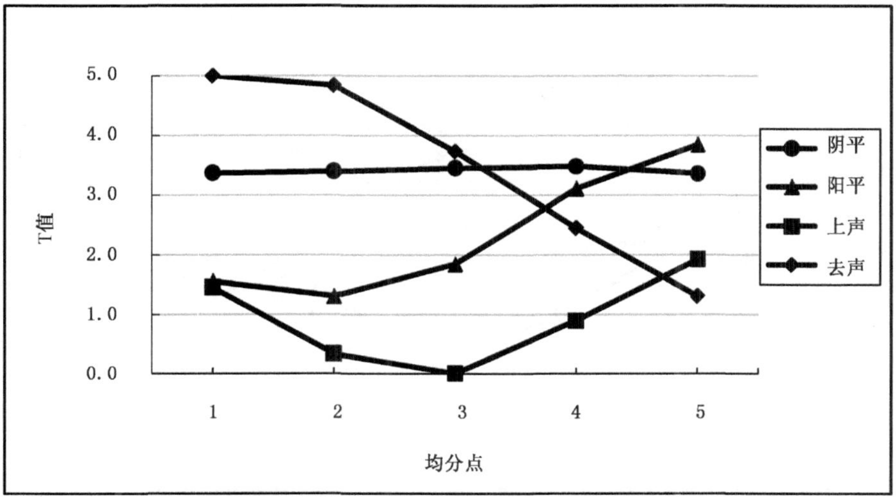

图2.2.5　教工组(男)普通话声调调形图

教工组男性普通话声调调值可以记录为：阴平44，阳平24，上声212，去声52。

3. 女声组数据

表2.2.11　教工组（女）普通话声调音高均值表（单位：Hz）

调类	基频（Hz）				
	第1均分点	第2均分点	第3均分点	第4均分点	第5均分点
阴平	257.6	259.1	259.0	257.8	254.5
阳平	199.2	193.2	207.0	239.3	263.8
上声	196.2	165.9	146.3	178.4	191.2
去声	292.3	281.6	241.3	197.0	170.4

表2.2.12　教工组（女）普通话声调音高均值表（单位：T值）

调类	基频（T值）				
	第1均分点	第2均分点	第3均分点	第4均分点	第5均分点
阴平	4.1	4.1	4.1	4.1	4.0
阳平	2.2	2.0	2.5	3.6	4.3
上声	2.1	0.9	0.0	1.4	1.9
去声	5.0	4.7	3.6	2.2	1.1

绘制成图如下：

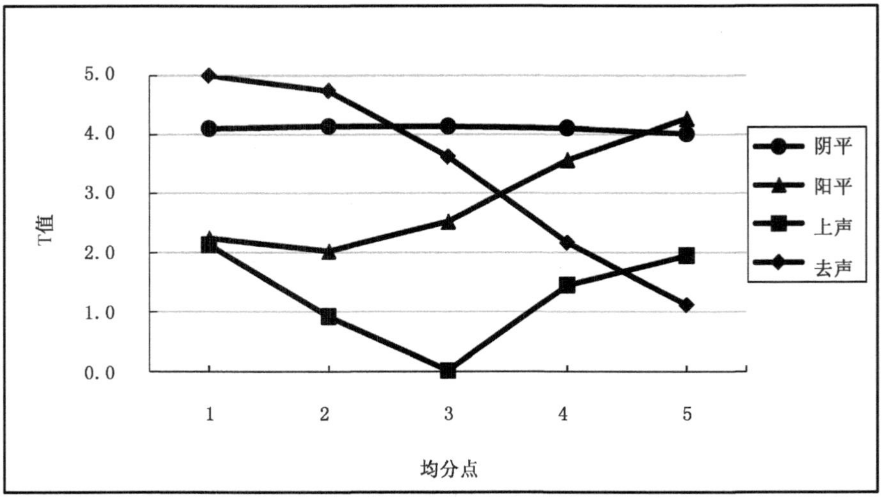

图2.2.6　教工组（女）普通话声调调形图

教工组女性普通话声调调值可以记录为:阴平 55,阳平 35,上声 312,去声 52。

(三) 学生普通话数据

1. 综合数据

表 2.2.13　学生组普通话声调音高均值表(单位:Hz)

调类	基频(Hz)				
	第 1 均分点	第 2 均分点	第 3 均分点	第 4 均分点	第 5 均分点
阴平	202.1	202.7	203.6	203.7	204.3
阳平	161.8	157.0	165.3	184.5	203.4
上声	162.6	139.2	123.7	145.1	157.0
去声	227.3	221.2	195.2	163.0	145.2

表 2.2.14　学生组普通话声调音高均值表(单位:T 值)

调类	基频(T 值)				
	第 1 均分点	第 2 均分点	第 3 均分点	第 4 均分点	第 5 均分点
阴平	4.0	4.1	4.1	4.1	4.1
阳平	2.2	2.0	2.4	3.3	4.1
上声	2.2	1.0	0.0	1.3	2.0
去声	5.0	4.8	3.8	2.3	1.3

绘制成图如下:

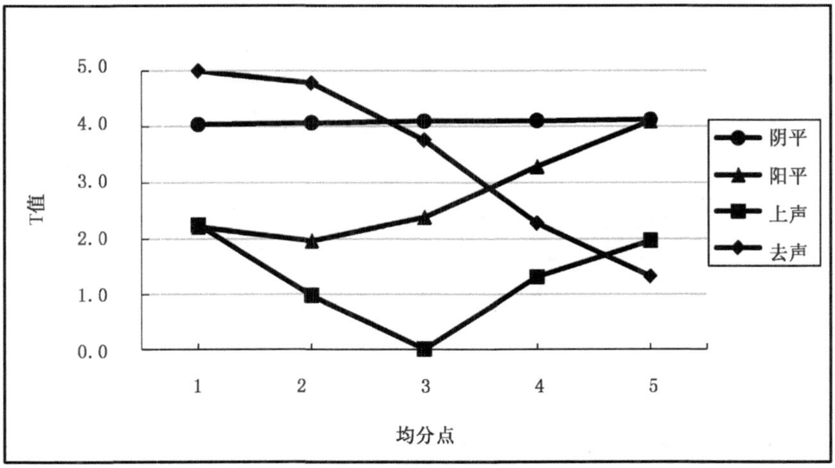

图 2.2.7　学生组普通话声调调形图

学生普通话声调调值可以记录为：阴平 55，阳平 35，上声 312，去声 52。

2. 男声组数据

表 2.2.15　学生组（男）普通话声调音高均值表（单位：Hz）

调类	基频（Hz）				
	第 1 均分点	第 2 均分点	第 3 均分点	第 4 均分点	第 5 均分点
阴平	145.5	146.3	147.5	147.5	147.2
阳平	116.0	113.4	122.0	137.1	150.7
上声	116.4	102.7	97.4	108.8	116.2
去声	166.6	162.7	143.4	119.9	106.3

表 2.2.16　学生组（男）普通话声调音高均值表（单位：T 值）

调类	基频（T 值）				
	第 1 均分点	第 2 均分点	第 3 均分点	第 4 均分点	第 5 均分点
阴平	3.8	3.8	3.9	3.9	3.9
阳平	1.7	1.5	2.1	3.2	4.1
上声	1.7	0.5	0.0	1.1	1.7
去声	5.0	4.8	3.6	2.0	0.9

绘制成图如下：

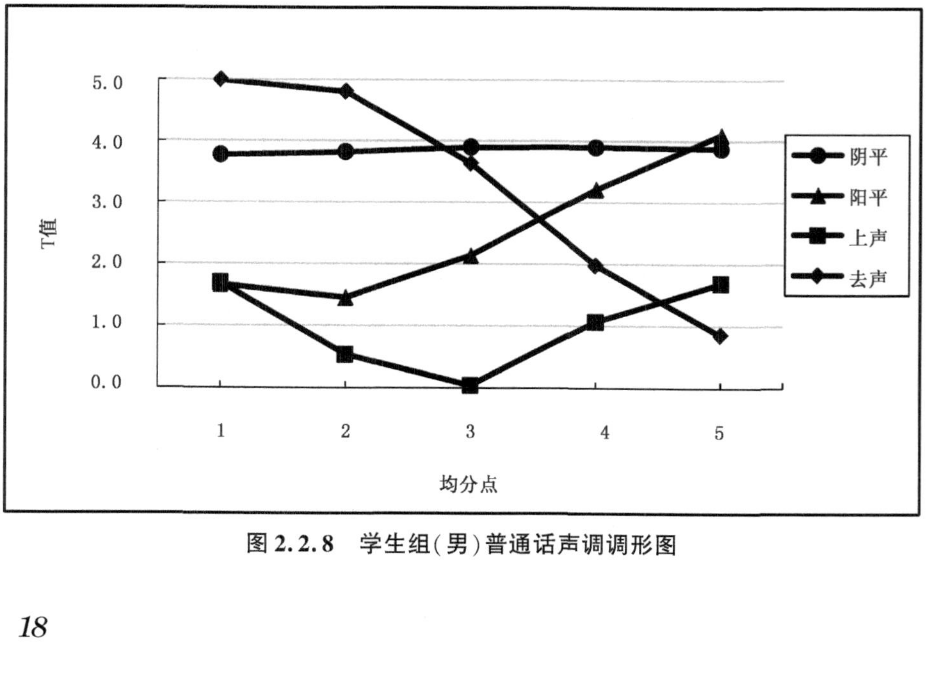

图 2.2.8　学生组（男）普通话声调调形图

学生男性普通话声调调值可以记录为:阴平 44,阳平 25,上声 212,去声 52。

3. 女声组数据

表 2.2.17　学生组(女)普通话声调音高均值表(单位:Hz)

调类	基频(Hz)				
	第 1 均分点	第 2 均分点	第 3 均分点	第 4 均分点	第 5 均分点
阴平	258.6	259.1	259.6	259.8	261.3
阳平	207.7	200.6	208.5	231.9	256.1
上声	208.7	175.8	150.1	181.5	197.7
去声	287.7	279.8	246.9	206.1	184.3

表 2.2.18　学生组(女)普通话声调音高均值表(单位:T 值)

调类	基频(T 值)				
	第 1 均分点	第 2 均分点	第 3 均分点	第 4 均分点	第 5 均分点
阴平	4.2	4.2	4.2	4.2	4.3
阳平	2.5	2.2	2.5	3.4	4.1
上声	2.5	1.2	0.0	1.5	2.1
去声	5.0	4.8	3.8	2.4	1.6

绘制成图如下:

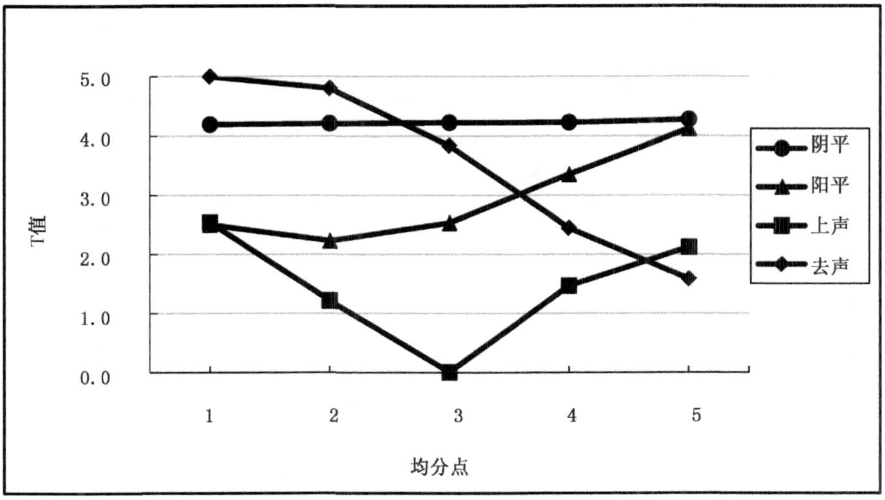

图 2.2.9　学生组(女)普通话声调调形图

学生女性普通话声调调值可以记录为:阴平 55,阳平 35,上声 313,去声 52。

(四) 分地域普通话数据

1. 河北地区

(1) 综合数据

表 2.2.19 河北地区普通话声调音高均值表(单位:Hz)

调类	基频(Hz)				
	第 1 均分点	第 2 均分点	第 3 均分点	第 4 均分点	第 5 均分点
阴平	200.9	200.8	201.3	200.9	201.1
阳平	163.4	157.7	167.4	187.0	199.1
上声	159.8	137.1	123.2	144.3	154.4
去声	224.1	218.0	192.7	163.9	148.5

表 2.2.20 河北地区普通话声调音高均值表(单位:T 值)

调类	基频(T 值)				
	第 1 均分点	第 2 均分点	第 3 均分点	第 4 均分点	第 5 均分点
阴平	4.1	4.1	4.1	4.1	4.1
阳平	2.4	2.1	2.6	3.5	4.0
上声	2.2	0.9	0.0	1.3	1.9
去声	5.0	4.8	3.7	2.4	1.6

绘制成图如下:

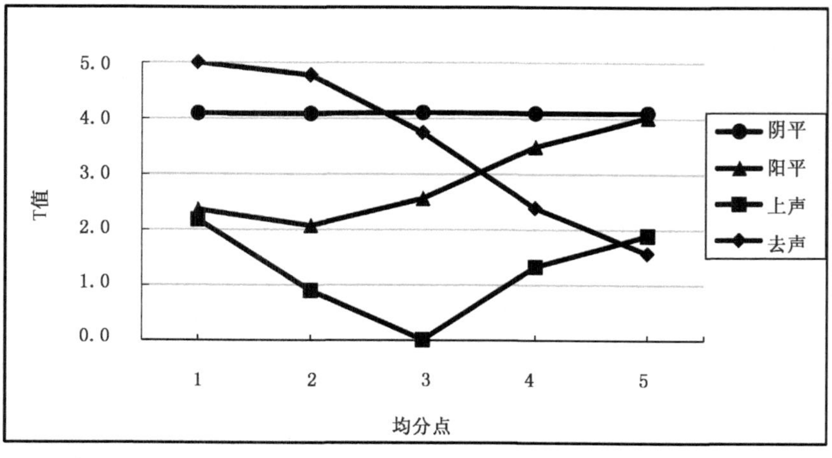

图 2.2.10 河北地区普通话声调调形图

河北地区普通话声调调值可以记录为：阴平 55，阳平 34，上声 312，去声 52。

(2) 男声组数据

表 2.2.21　河北地区(男)普通话声调音高均值表(单位：Hz)

调类	基频(Hz)				
	第 1 均分点	第 2 均分点	第 3 均分点	第 4 均分点	第 5 均分点
阴平	147.4	148.0	148.5	148.1	148.5
阳平	117.4	114.9	124.2	139.7	149.9
上声	113.9	101.3	98.9	108.3	114.1
去声	168.4	165.6	147.5	124.7	113.1

表 2.2.22　河北地区(男)普通话声调音高均值表(单位：T 值)

调类	基频(T 值)				
	第 1 均分点	第 2 均分点	第 3 均分点	第 4 均分点	第 5 均分点
阴平	3.8	3.8	3.8	3.8	3.8
阳平	1.6	1.4	2.2	3.3	3.9
上声	1.3	0.2	0.0	0.9	1.4
去声	5.0	4.9	3.8	2.2	1.3

绘制成图如下：

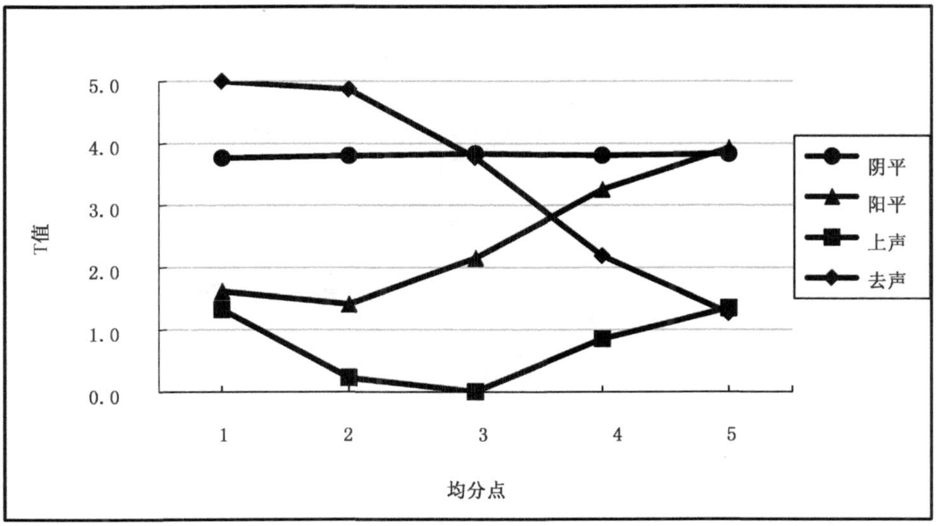

图 2.2.11　河北地区(男)普通话声调调形图

河北组男性普通话声调调值可以记录为:阴平 44,阳平 34,上声 212,去声 52。

(3) 女声组数据

表 2.2.23　河北地区(女)普通话声调音高均值表(单位:Hz)

调类	基频(Hz)				
	第 1 均分点	第 2 均分点	第 3 均分点	第 4 均分点	第 5 均分点
阴平	254.3	253.6	254.1	253.7	253.7
阳平	209.5	200.5	210.5	234.3	248.4
上声	205.7	172.9	147.4	180.4	194.7
去声	279.8	270.4	238.0	203.1	183.9

表 2.2.24　河北地区(女)普通话声调音高均值表(单位:T 值)

调类	基频(T 值)				
	第 1 均分点	第 2 均分点	第 3 均分点	第 4 均分点	第 5 均分点
阴平	4.3	4.2	4.3	4.2	4.2
阳平	2.8	2.4	2.8	3.6	4.1
上声	2.6	1.3	0.0	1.6	2.2
去声	5.0	4.7	3.7	2.5	1.7

绘制成图如下:

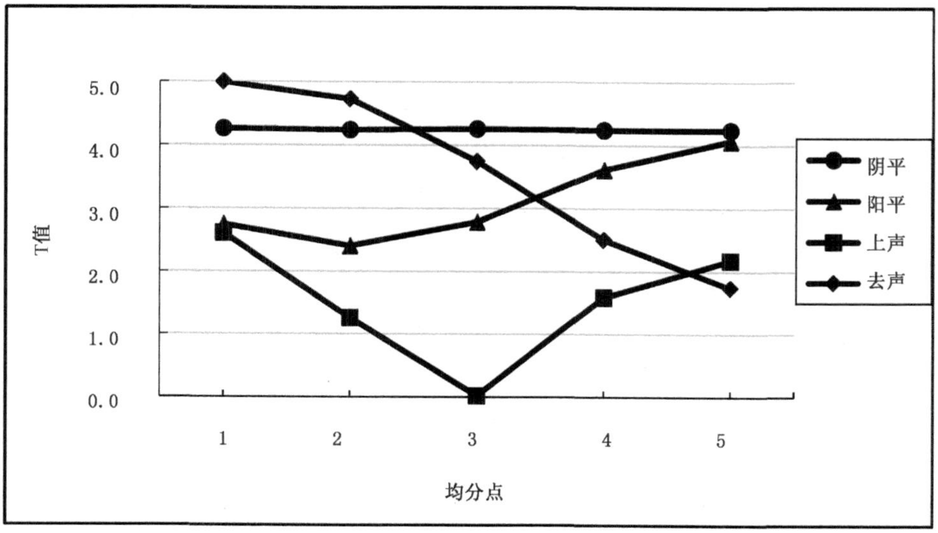

图 2.2.12　河北地区(女)普通话声调调形图

河北地区女性普通话声调调值可以记录为：阴平 55，阳平 35，上声 313，去声 52。

2. 非河北地区

(1) 综合数据

表 2.2.25　非河北地区普通话声调音高均值表（单位：Hz）

调类	基频（Hz）				
	第 1 均分点	第 2 均分点	第 3 均分点	第 4 均分点	第 5 均分点
阴平	204.0	204.9	205.9	206.3	206.8
阳平	163.0	159.1	166.9	186.3	207.7
上声	165.7	142.2	126.2	147.0	159.2
去声	230.8	225.5	200.5	166.1	145.0

表 2.2.26　非河北地区普通话声调音高均值表（单位：T 值）

调类	基频（T 值）				
	第 1 均分点	第 2 均分点	第 3 均分点	第 4 均分点	第 5 均分点
阴平	4.0	4.0	4.1	4.1	4.1
阳平	2.1	1.9	2.3	3.2	4.2
上声	2.3	1.0	0.0	1.3	1.9
去声	5.0	4.8	3.9	2.3	1.2

绘制成图如下：

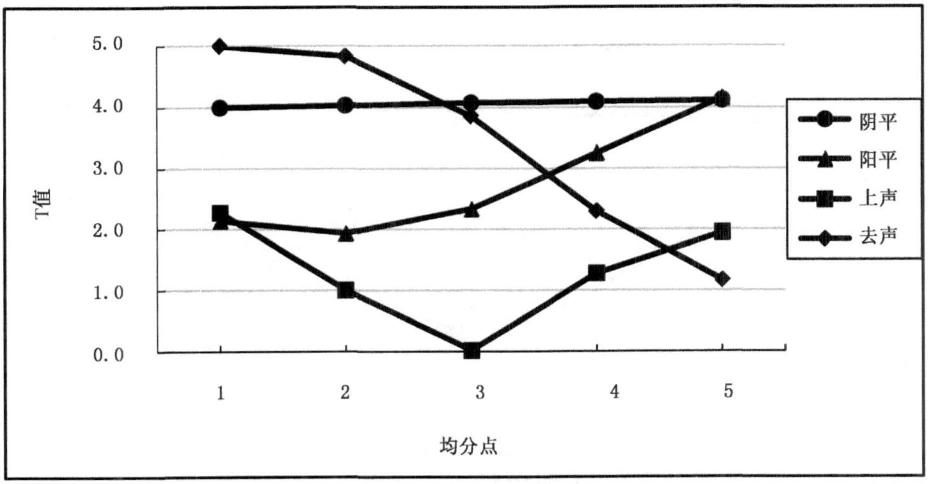

图 2.2.13　非河北地区普通话声调调形图

非河北地区普通话声调调值可以记录为:阴平 55,阳平 35,上声 312,去声 52。

(2) 男声组数据

表 2.2.27　非河北地区(男)普通话声调音高均值表(单位:Hz)

调类	基频(Hz)				
	第 1 均分点	第 2 均分点	第 3 均分点	第 4 均分点	第 5 均分点
阴平	147.4	148.0	148.5	148.1	148.5
阳平	117.4	114.9	124.2	139.7	149.9
上声	113.9	101.3	98.9	108.3	114.1
去声	168.4	165.6	147.5	124.7	113.1

表 2.2.28　非河北地区(男)普通话声调音高均值表(单位:T 值)

调类	基频(T 值)				
	第 1 均分点	第 2 均分点	第 3 均分点	第 4 均分点	第 5 均分点
阴平	3.7	3.7	3.8	3.8	3.8
阳平	1.5	1.3	2.0	3.1	4.1
上声	1.7	0.5	0.0	1.0	1.7
去声	5.0	4.8	3.6	1.8	0.5

绘制成图如下:

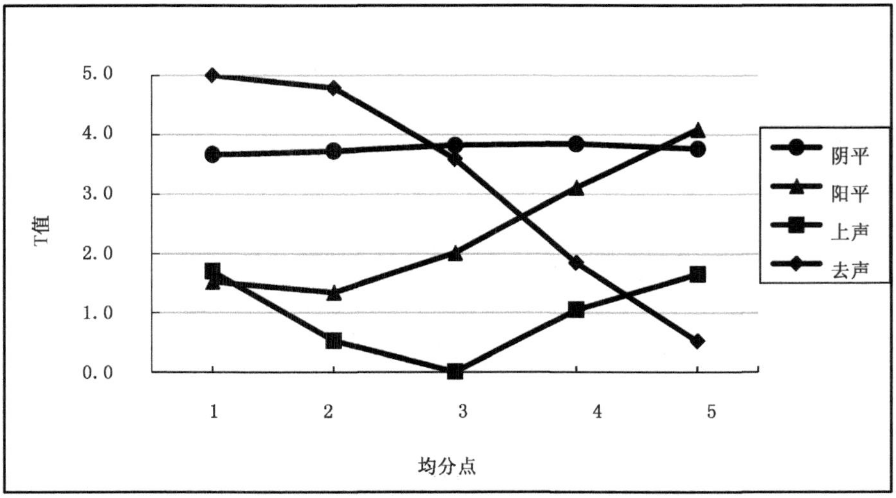

图 2.2.14　非河北地区(男)普通话声调调形图

非河北地区男性普通话声调调值可以记录为:阴平44,阳平25,上声212,去声52。

(3) 女声组数据

表2.2.29　非河北地区(女)普通话声调音高均值表(单位:Hz)

调类	基频(Hz)				
	第1均分点	第2均分点	第3均分点	第4均分点	第5均分点
阴平	262.2	263.1	263.6	264.0	266.2
阳平	209.7	204.1	211.4	234.9	262.6
上声	213.0	179.9	153.7	183.5	200.5
去声	292.7	286.3	256.0	211.9	185.8

表2.2.30　非河北地区(女)普通话声调音高均值表(单位:T值)

调类	基频(T值)				
	第1均分点	第2均分点	第3均分点	第4均分点	第5均分点
阴平	4.1	4.2	4.2	4.2	4.3
阳平	2.4	2.2	2.5	3.3	4.2
上声	2.5	1.2	0.0	1.4	2.1
去声	5.0	4.8	4.0	2.5	1.5

绘制成图如下:

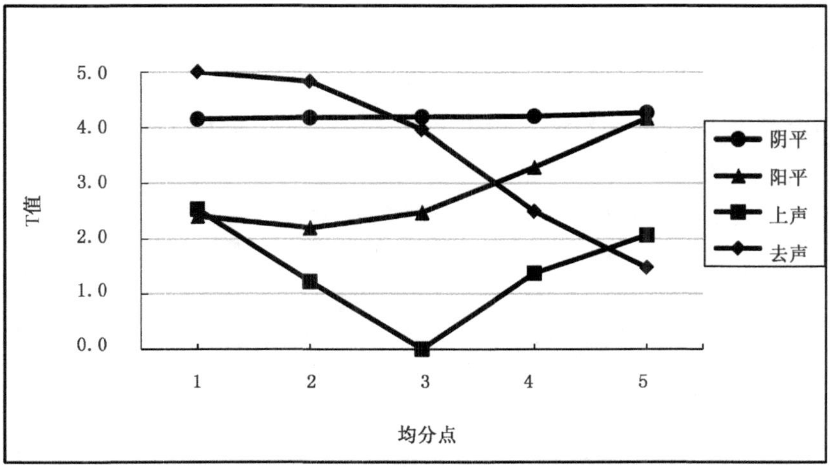

图2.2.15　非河北地区(女)普通话声调调形图

非河北地区女性普通话声调调值可以记录为:阴平 55,阳平 35,上声 313,去声 52。

(五) 分年龄普通话数据

1. 20 岁以下组

(1) 综合数据

表 2.2.31　≤20 岁组普通话声调音高均值表(单位:Hz)

调类	基频(Hz)				
	第 1 均分点	第 2 均分点	第 3 均分点	第 4 均分点	第 5 均分点
阴平	196.3	197.4	198.2	198.2	200.2
阳平	153.5	146.6	153.6	171.4	193.7
上声	155.3	131.3	114.7	139.5	153.2
去声	219.6	210.7	178.5	149.1	140.0

表 2.2.32　≤20 岁组普通话声调音高均值表(单位:T 值)

调类	基频(T 值)				
	第 1 均分点	第 2 均分点	第 3 均分点	第 4 均分点	第 5 均分点
阴平	4.2	4.2	4.2	4.2	4.3
阳平	2.3	1.9	2.3	3.1	4.1
上声	2.3	1.0	0.0	1.5	2.2
去声	5.0	4.7	3.4	2.0	1.5

绘制成图如下:

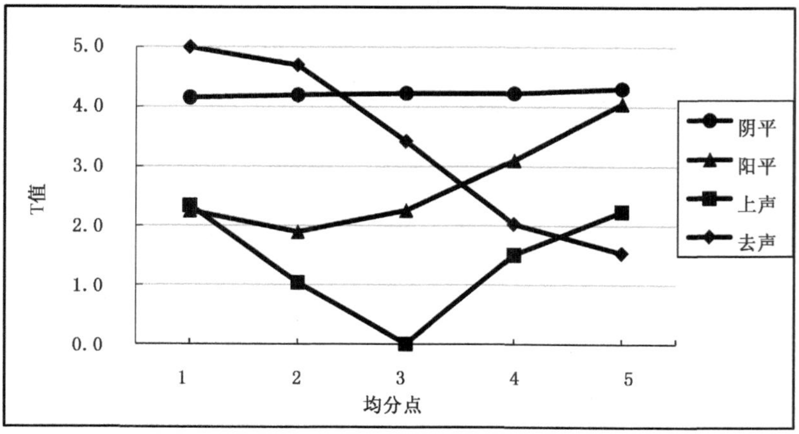

图 2.2.16　≤20 岁组普通话声调调形图

≤20 岁组学生普通话声调调值可以记录为：阴平 55，阳平 35，上声 313，去声 52。

（2）男声组数据

表 2.2.33　≤20 岁组（男）普通话声调音高均值表（单位：Hz）

调类	基频（Hz）				
	第 1 均分点	第 2 均分点	第 3 均分点	第 4 均分点	第 5 均分点
阴平	140.7	141.2	142.4	142.2	144.2
阳平	113.1	108.8	116.5	130.6	145.2
上声	113.9	98.7	89.1	103.5	114.6
去声	155.2	150.2	130.1	110.1	101.4

表 2.2.34　≤20 岁组（男）普通话声调音高均值表（单位：T 值）

调类	基频（T 值）				
	第 1 均分点	第 2 均分点	第 3 均分点	第 4 均分点	第 5 均分点
阴平	4.1	4.2	4.2	4.2	4.3
阳平	2.2	1.8	2.4	3.5	4.4
上声	2.2	0.9	0.0	1.4	2.3
去声	5.0	4.7	3.4	1.9	1.2

绘制成图如下：

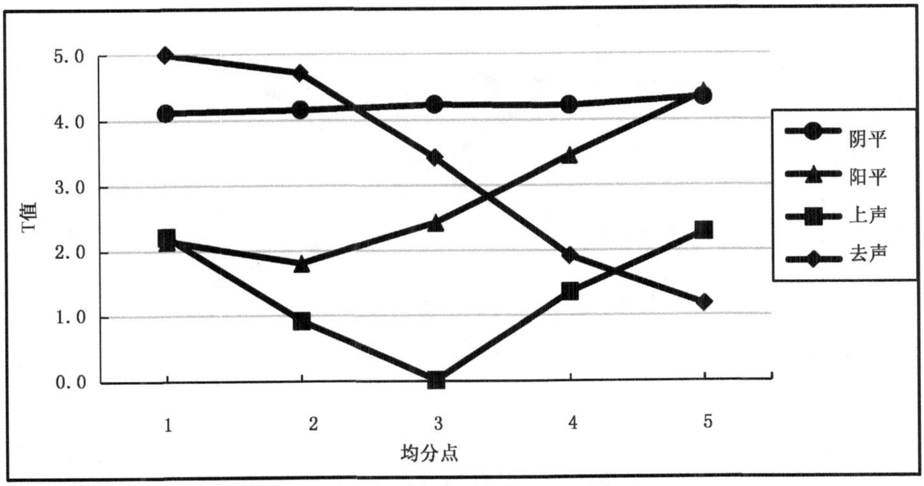

图 2.2.17　≤20 岁组（男）普通话声调调形图

≤20岁组男生普通话声调调值可以记录为:阴平55,阳平35,上声313,去声52。

(3)女声组数据

表2.2.35　≤20岁组(女)普通话声调音高均值表(单位:Hz)

调类	基频(Hz)				
	第1均分点	第2均分点	第3均分点	第4均分点	第5均分点
阴平	252.0	253.6	253.9	254.2	256.2
阳平	194.9	185.3	191.5	213.2	243.3
上声	196.7	163.9	140.3	175.5	191.9
去声	282.4	271.3	226.9	188.2	178.6

表2.2.36　≤20岁组(女)普通话声调音高均值表(单位:T值)

调类	基频(T值)				
	第1均分点	第2均分点	第3均分点	第4均分点	第5均分点
阴平	4.2	4.2	4.3	4.3	4.3
阳平	2.4	2.0	2.2	3.0	3.9
上声	2.4	1.1	0.0	1.6	2.3
去声	5.0	4.7	3.4	2.1	1.7

绘制成图如下:

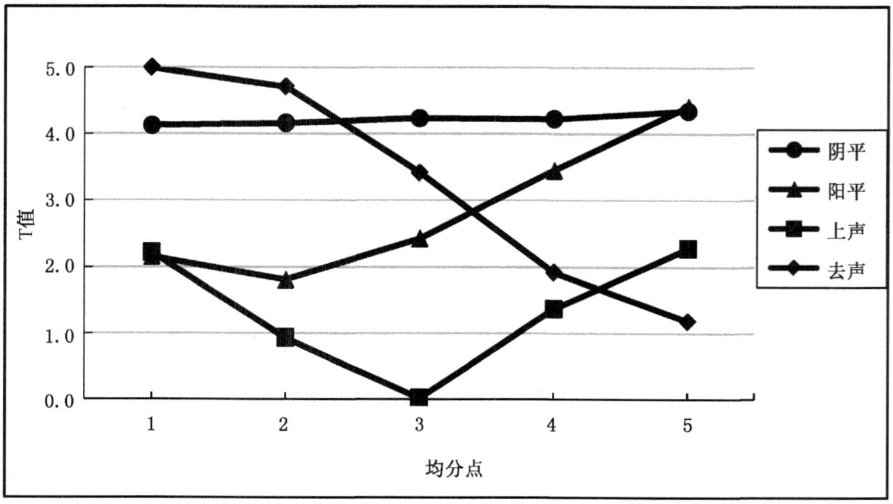

图2.2.18　≤20岁组(女)普通话声调调形图

≤20 岁组女生普通话声调调值可以记录为:阴平 55,阳平 34,上声 313,去声 52。

2. 21～22 岁组

(1) 综合数据

表 2.2.37　21～22 岁组普通话声调音高均值表(单位:Hz)

调类	基频(Hz)				
	第 1 均分点	第 2 均分点	第 3 均分点	第 4 均分点	第 5 均分点
阴平	209.0	209.8	211.0	211.1	210.8
阳平	167.4	162.1	172.4	193.4	207.8
上声	160.7	138.5	122.6	146.7	159.4
去声	232.5	227.2	201.8	169.7	147.7

表 2.2.38　21～22 岁组普通话声调音高均值表(单位:T 值)

调类	基频(T 值)				
	第 1 均分点	第 2 均分点	第 3 均分点	第 4 均分点	第 5 均分点
阴平	4.2	4.2	4.3	4.3	4.3
阳平	2.5	2.2	2.7	3.6	4.1
上声	2.1	1.0	0.0	1.4	2.1
去声	5.0	4.8	3.9	2.6	1.5

绘制成图如下:

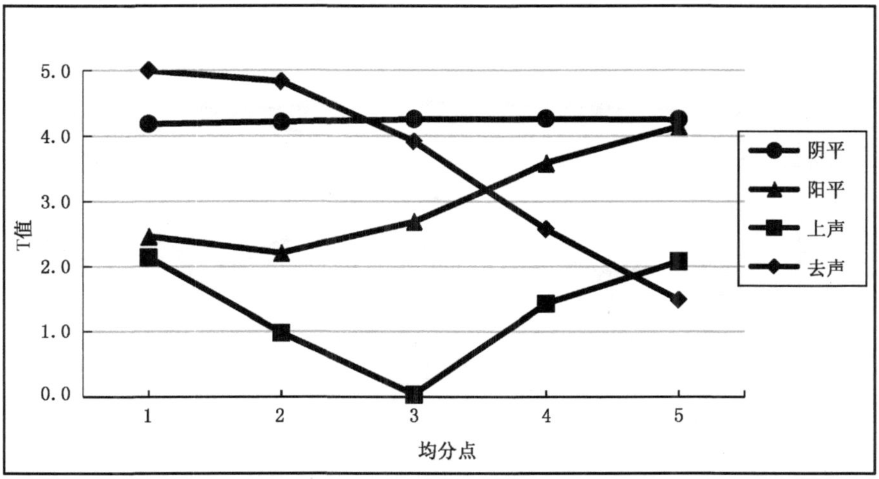

图 2.2.19　21～22 岁组普通话声调调形图

21～22岁组学生普通话声调调值可以记录为：阴平55，阳平35，上声313，去声52。

(2) 男声组数据

表 2.2.39　21～22 岁组(男)普通话声调音高均值表(单位:Hz)

调类	基频(Hz)				
	第1均分点	第2均分点	第3均分点	第4均分点	第5均分点
阴平	165.2	166.4	167.5	167.2	164.7
阳平	128.4	126.5	139.4	157.2	167.3
上声	123.5	110.8	109.8	117.5	125.6
去声	187.8	184.4	164.3	137.9	125.5

表 2.2.40　21～22 岁组(男)普通话声调音高均值表(单位:T值)

调类	基频(T值)				
	第1均分点	第2均分点	第3均分点	第4均分点	第5均分点
阴平	3.9	3.9	4.0	4.0	3.8
阳平	1.5	1.4	2.3	3.4	4.0
上声	1.2	0.2	0.1	0.7	1.3
去声	5.0	4.9	3.8	2.2	1.3

绘制成图如下：

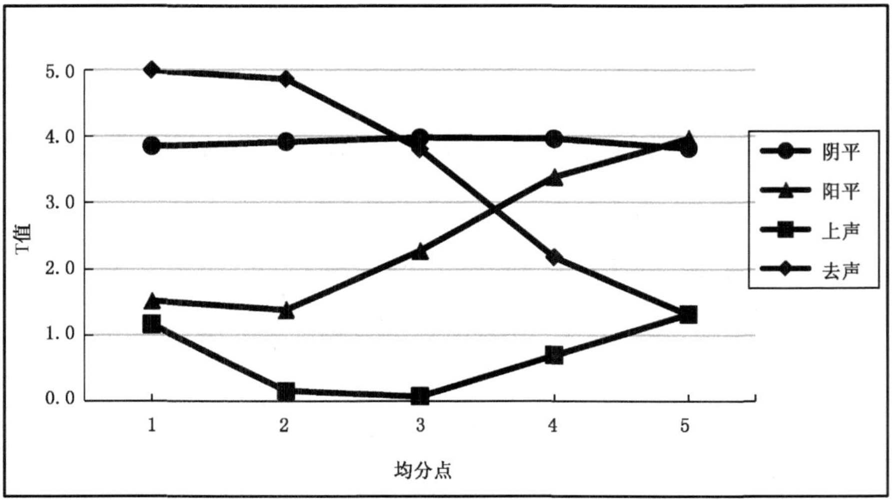

图 2.2.20　21～22 岁组(男)普通话声调调形图

21～22 岁组男生普通话声调调值可以记录为:阴平 44,阳平 34,上声 212,去声 52。

(3) 女声组数据

表 2.2.41　21～22 岁组(女)普通话声调音高均值表(单位:Hz)

调类	基频(Hz)				
	第 1 均分点	第 2 均分点	第 3 均分点	第 4 均分点	第 5 均分点
阴平	252.9	253.9	254.9	255.0	260.3
阳平	205.5	196.8	204.6	228.9	247.3
上声	197.9	166.1	135.4	175.8	193.1
去声	276.2	269.9	239.3	201.6	169.8

表 2.2.42　21～22 岁组(女)普通话声调音高均值表(单位:T 值)

调类	基频(T 值)				
	第 1 均分点	第 2 均分点	第 3 均分点	第 4 均分点	第 5 均分点
阴平	4.4	4.4	4.4	4.4	4.6
阳平	2.9	2.6	2.9	3.7	4.2
上声	2.7	1.4	0.0	1.8	2.5
去声	5.0	4.8	4.0	2.8	1.6

绘制成图如下:

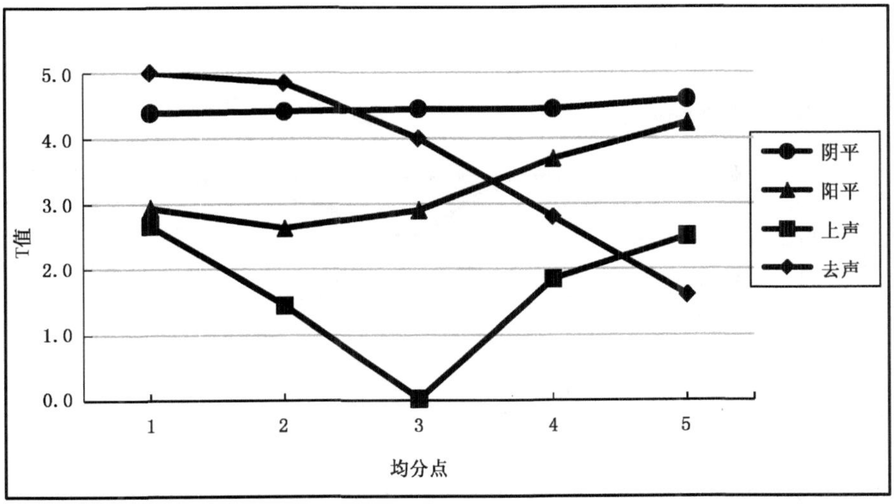

图 2.2.21　21～22 岁组(女)普通话声调调形图

21～22岁组女生普通话声调调值可以记录为:阴平55,阳平35,上声313,去声52。

3. 23～27岁组

(1) 综合数据

表2.2.43　23～27岁组普通话声调音高均值表(单位:Hz)

调类	基频(Hz)				
	第1均分点	第2均分点	第3均分点	第4均分点	第5均分点
阴平	192.7	191.7	191.7	190.7	191.4
阳平	160.2	154.1	163.2	181.5	191.6
上声	158.9	135.8	123.8	142.0	149.5
去声	216.3	208.8	183.6	158.0	149.4

表2.2.44　23～27岁组普通话声调音高均值表(单位:T值)

调类	基频(T值)				
	第1均分点	第2均分点	第3均分点	第4均分点	第5均分点
阴平	4.0	3.9	3.9	3.9	3.9
阳平	2.3	2.0	2.5	3.5	3.9
上声	2.3	0.9	0.1	1.3	1.7
去声	5.0	4.7	3.6	2.2	1.7

绘制成图如下:

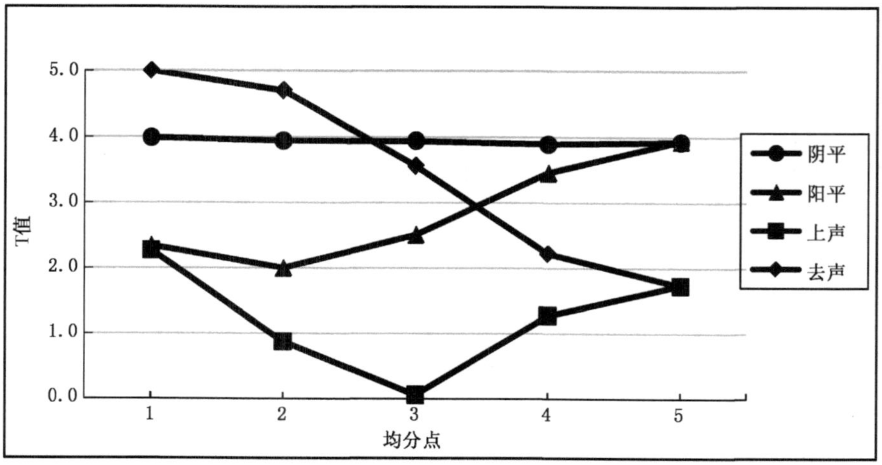

图2.2.22　23～27岁组普通话声调调形图

23～27岁组普通话声调调值记录为：阴平44，阳平34，上声312，去声52。

(2)男声组数据

表2.2.45 23～27岁组(男)普通话声调音高均值表(单位：Hz)

调类	基频(Hz)				
	第1均分点	第2均分点	第3均分点	第4均分点	第5均分点
阴平	129.7	129.6	129.5	128.9	132.3
阳平	106.6	103.5	109.5	122.5	132.9
上声	104.3	91.8	88.1	99.0	102.7
去声	149.1	146.9	130.6	111.5	100.7

表2.2.46 23～27岁组(男)普通话声调音高均值表(单位：T值)

调类	基频(T值)				
	第1均分点	第2均分点	第3均分点	第4均分点	第5均分点
阴平	3.7	3.7	3.7	3.6	3.9
阳平	1.8	1.5	2.1	3.1	3.9
上声	1.6	0.4	0.0	1.1	1.5
去声	5.0	4.9	3.8	2.2	1.3

绘制成图如下：

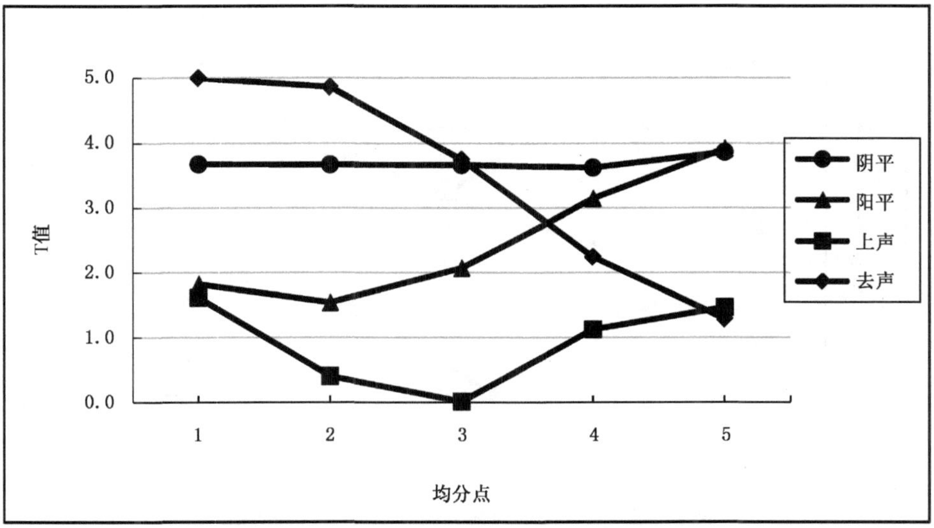

图2.2.23 23～27岁组(男)普通话声调调形图

23～27 岁组男生普通话声调调值记录为：阴平 44，阳平 24，上声 212，去声 52。

（3）女声组数据

表 2.2.47　23～27 岁组（女）普通话声调音高均值表（单位：Hz）

调类	基频（Hz）				
	第 1 均分点	第 2 均分点	第 3 均分点	第 4 均分点	第 5 均分点
阴平	255.8	253.9	253.9	252.4	250.5
阳平	213.9	204.7	217.0	240.5	250.3
上声	213.5	179.8	159.5	184.9	196.2
去声	283.5	270.8	236.6	204.5	198.0

表 2.2.48　23～27 岁组（女）普通话声调音高均值表（单位：T 值）

调类	基频（T 值）				
	第 1 均分点	第 2 均分点	第 3 均分点	第 4 均分点	第 5 均分点
阴平	4.1	4.1	4.1	4.0	3.9
阳平	2.6	2.2	2.7	3.6	3.9
上声	2.6	1.1	0.0	1.3	1.8
去声	5.0	4.6	3.4	2.2	1.9

绘制成图如下：

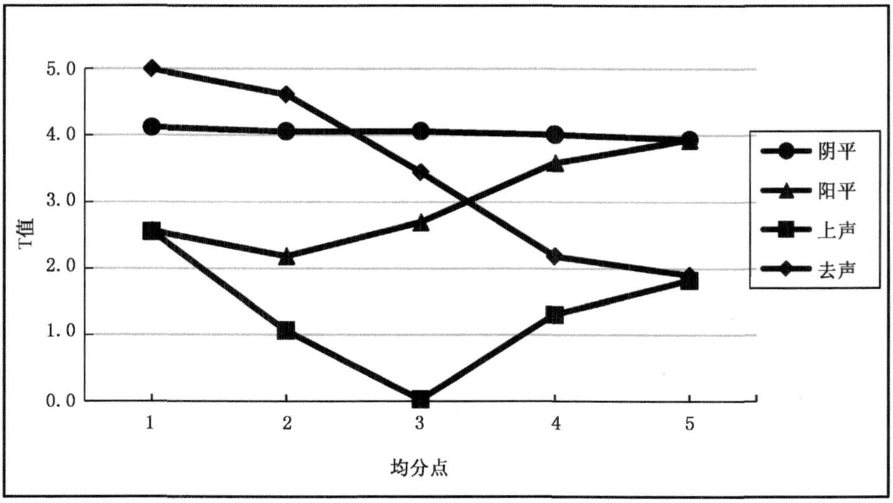

图 2.2.24　23～27 岁组（女）普通话声调调形图

23～27 岁组女生普通话声调调值记录为：阴平 54，阳平 34，上声 312，去声 52。

4. 28～44 岁组

（1）综合数据

表 2.2.49　28～44 岁组普通话声调音高均值表（单位：Hz）

调类	基频（Hz）				
	第 1 均分点	第 2 均分点	第 3 均分点	第 4 均分点	第 5 均分点
阴平	210.8	213.7	213.5	212.7	209.0
阳平	157.5	154.3	166.4	196.3	222.7
上声	156.6	134.3	121.6	149.0	162.8
去声	240.6	235.1	207.8	165.4	140.3

表 2.2.50　28～44 岁普通话声调音高均值表（单位：T 值）

调类	基频（T 值）				
	第 1 均分点	第 2 均分点	第 3 均分点	第 4 均分点	第 5 均分点
阴平	4.1	4.2	4.1	4.1	4.0
阳平	1.9	1.8	2.3	3.5	4.5
上声	1.9	0.8	0.0	1.5	2.2
去声	5.0	4.8	3.9	2.3	1.1

绘制成图如下：

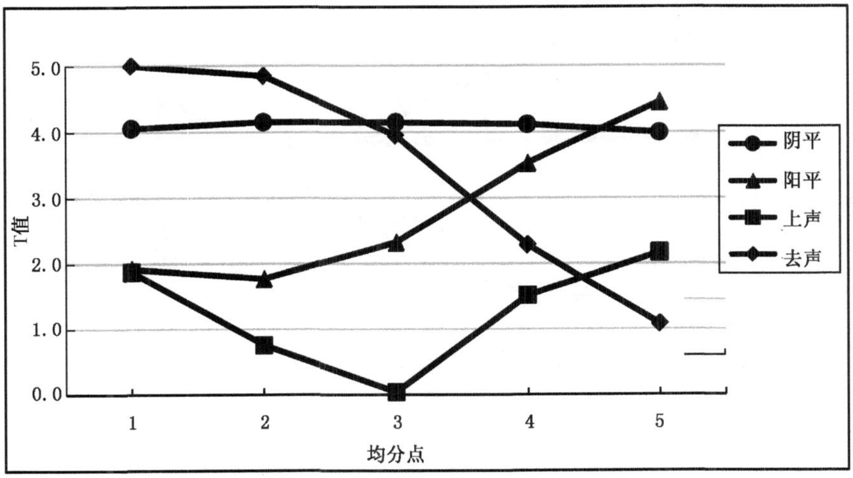

图 2.2.25　28～44 岁组普通话声调调形图

28～44岁普通话声调调值可记录为：阴平55，阳平25，上声213，去声52。

（2）男声组数据

表2.2.51　28～44岁组（男）普通话声调音高均值表（单位：Hz）

调类	基频（Hz）				
	第1均分点	第2均分点	第3均分点	第4均分点	第5均分点
阴平	144.6	143.3	142.4	141.8	140.0
阳平	109.9	105.4	113.3	134.1	155.9
上声	111.9	97.4	93.2	105.1	120.5
去声	173.5	171.2	154.8	131.5	113.6

表2.2.52　28～44岁组（男）普通话声调音高均值表（单位：T值）

调类	基频（T值）				
	第1均分点	第2均分点	第3均分点	第4均分点	第5均分点
阴平	3.6	3.5	3.4	3.4	3.3
阳平	1.3	1.0	1.6	2.9	4.2
上声	1.5	0.4	0.0	1.0	2.1
去声	5.0	4.9	4.1	2.8	1.6

声调图如下：

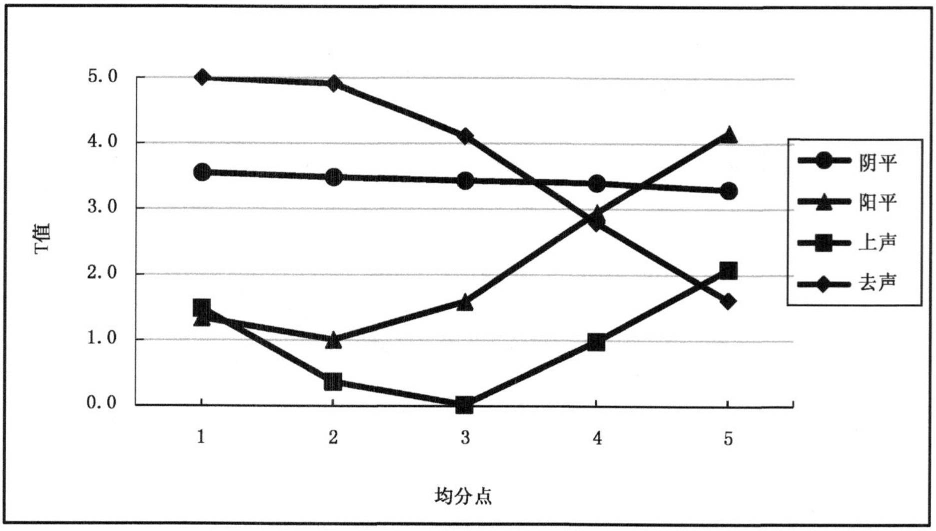

图2.2.26　28～44岁组（男）普通话声调调形图

28～44 岁组男性普通话声调调值可记录为：阴平 44，阳平 25，上声 213，去声 52。

（3）女声组数据

表 2.2.53　28～44 岁组（女）普通话声调音高均值表（单位：Hz）

调类	基频（Hz）				
	第 1 均分点	第 2 均分点	第 3 均分点	第 4 均分点	第 5 均分点
阴平	277.0	278.0	279.0	280.0	281.0
阳平	205.0	203.3	219.4	258.5	289.6
上声	201.3	171.2	150.0	192.9	205.2
去声	307.8	299.0	260.7	199.4	167.1

表 2.2.54　28～44 岁组（女）普通话声调音高均值表（单位：T 值）

调类	基频（T 值）				
	第 1 均分点	第 2 均分点	第 3 均分点	第 4 均分点	第 5 均分点
阴平	4.3	4.3	4.3	4.4	4.4
阳平	2.2	2.1	2.7	3.8	4.6
上声	2.1	1.0	0.0	1.8	2.2
去声	5.0	4.8	3.9	2.0	0.8

声调图如下：

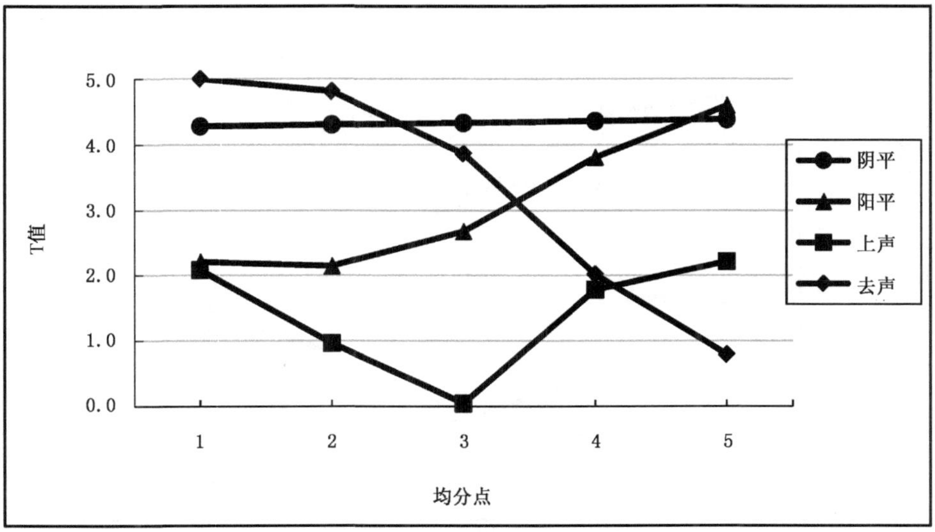

图 2.2.27　28～44 岁组（女）普通话声调调形图

28～44岁组女性普通话声调调值可记录为:阴平55,阳平35,上声313,去声51。

5. 45岁以上组

(1) 综合数据

表2.2.55 ≥45岁组普通话声调音高均值表(单位:Hz)

调类	基频(Hz)				
	第1均分点	第2均分点	第3均分点	第4均分点	第5均分点
阴平	199.7	198.9	200.1	200.3	198.2
阳平	162.0	155.3	165.6	190.7	204.1
上声	158.3	134.1	122.9	139.9	154.8
去声	242.3	232.5	194.2	167.0	146.4

表2.2.56 ≥45岁组普通话声调音高均值表(单位:T值)

调类	基频(T值)				
	第1均分点	第2均分点	第3均分点	第4均分点	第5均分点
阴平	3.6	3.6	3.6	3.6	3.5
阳平	2.1	1.8	2.2	3.3	3.8
上声	1.9	0.7	0.1	1.0	1.7
去声	5.0	4.7	3.4	2.3	1.3

绘制成图如下:

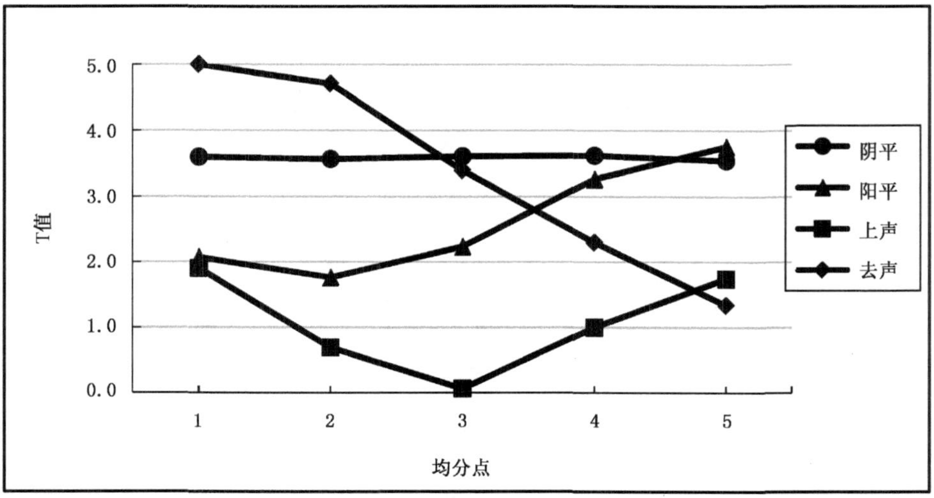

图2.2.28 ≥45岁组普通话声调调形图

≥45 岁组普通话声调调值可记录为：阴平 44，阳平 34，上声 212，去声 52。

(2) 男声组数据

表 2.2.57　≥45 岁组(男)普通话声调音高均值表(单位:Hz)

调类	基频(Hz)				
	第 1 均分点	第 2 均分点	第 3 均分点	第 4 均分点	第 5 均分点
阴平	199.7	198.9	200.1	200.3	198.2
阳平	162.0	155.3	165.6	190.7	204.1
上声	158.3	134.1	122.9	139.9	154.8
去声	242.3	232.5	194.2	167.0	146.4

表 2.2.58　≥45 岁组(男)普通话声调音高均值表(单位:T 值)

调类	基频(T 值)				
	第 1 均分点	第 2 均分点	第 3 均分点	第 4 均分点	第 5 均分点
阴平	3.2	3.3	3.4	3.5	3.4
阳平	1.7	1.5	2.0	3.2	3.6
上声	1.4	0.3	0.0	0.8	2.0
去声	5.0	4.7	3.4	2.2	1.1

声调图如下：

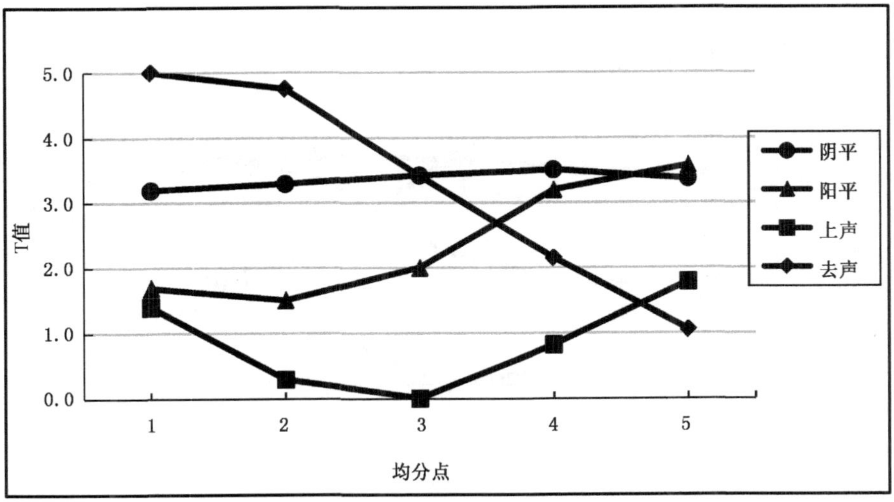

图 2.2.29　≥45 岁组(男)普通话声调调形图

≥45 岁组男性普通话声调调值可记录为：阴平 44，阳平 24，上声 212，去声 52。

(3) 女声组数据

表 2.2.59　≥45 岁组(女)普通话声调音高均值表(单位：Hz)

调类	基频(Hz)				
	第 1 均分点	第 2 均分点	第 3 均分点	第 4 均分点	第 5 均分点
阴平	238.1	234.0	233.5	232.0	231.0
阳平	193.3	183.2	194.6	220.0	237.9
上声	191.0	160.7	142.7	164.0	177.2
去声	276.8	264.2	221.9	194.6	173.7

表 2.2.60　≥45 岁组(女)普通话声调音高均值表(单位：T 值)

调类	基频(T 值)				
	第 1 均分点	第 2 均分点	第 3 均分点	第 4 均分点	第 5 均分点
阴平	3.9	3.8	3.7	3.7	3.7
阳平	2.3	1.9	2.4	3.3	3.9
上声	2.2	0.9	0.0	1.1	1.7
去声	5.0	4.7	3.4	2.4	1.5

声调图如下：

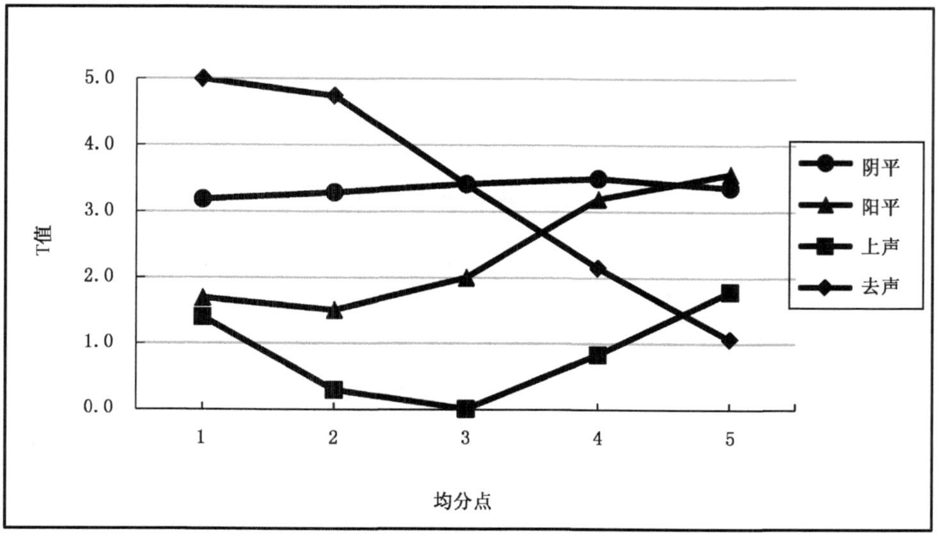

图 2.2.30　≥45 岁组(女)普通话声调调形图

≥45 岁组女性普通话声调调值可记录为:阴平 44,阳平 34,上声 312,去声 52。

三、学生与教工声调比较

(一) 综合比较

表 2.3.1　学生与教工普通话声调音高均值比较表(单位:T 值)

身份	调类	基频(T 值)				
		第 1 均分点	第 2 均分点	第 3 均分点	第 4 均分点	第 5 均分点
学生	阴平	4.0	4.1	4.1	4.1	4.1
	阳平	2.2	2.0	2.4	3.3	4.1
	上声	2.2	1.0	0.0	1.3	2.0
	去声	5.0	4.8	3.8	2.3	1.3
教工	阴平	3.8	3.8	3.9	3.9	3.8
	阳平	2.0	1.7	2.3	3.4	4.1
	上声	1.9	0.7	0.0	1.2	1.9
	去声	5.0	4.8	3.7	2.3	1.2

绘制成图如下:

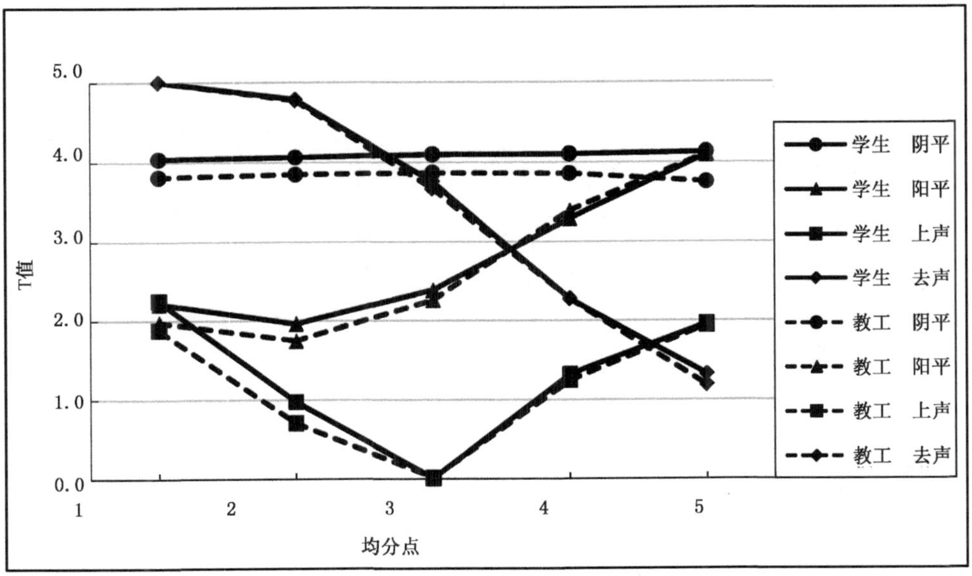

图 2.3.1　学生与教工普通话声调调形比较图

教工普通话的阴平声调起点和止点均在第4区间,学生普通话阴平声调起点在第4与第5区间的分界线上,止点位于第5区间,接近第4与第5区间的分界线。

教工普通话阳平声调起点在第2与第3区间的分界线上,止点在第5区间;学生普通话阳平声调起点在第3区间,止点在第5区间。

教工普通话上声声调起点和止点均在第2区间,接近第2与第3区间的分界线;学生普通话上声声调起点在第3区间,止点位于第2与第3区间的分界线上。教工和学生普通话上声声调的折点均为最低点,位于第1区间。

教工和学生的普通话去声声调起点均为最高点,均在第5区间,止点均在第2区间。

(二)男声比较

表2.3.2 学生与教工(男)普通话声调音高均值比较表(单位:T值)

身份	调类	基频(T值)				
		第1均分点	第2均分点	第3均分点	第4均分点	第5均分点
学生	阴平	3.8	3.8	3.9	3.9	3.9
	阳平	1.7	1.5	2.1	3.2	4.1
	上声	1.7	0.5	0.0	1.1	1.7
	去声	5.0	4.8	3.6	2.0	0.9
教工	阴平	3.4	3.4	3.5	3.5	3.4
	阳平	1.6	1.3	1.8	3.1	3.9
	上声	1.5	0.3	0.0	0.9	1.9
	去声	5.0	4.8	3.7	2.4	1.3

绘图如下页:

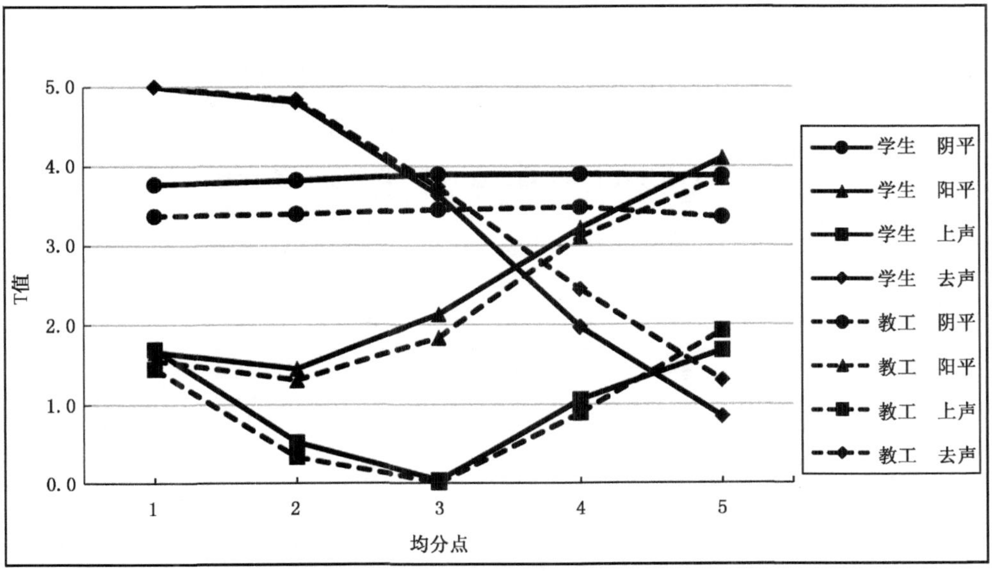

图 2.3.2　学生与教工(男)普通话声调调形比较图

男教工和男学生的阴平声调起止点均在第 4 区间。

男教工和男学生的阳平声调起点均在第 2 区间;男教工的阳平声调止点在第 4 区间,男学生的阳平声调止点在第 5 区间,但二者都接近第 4 与第 5 区间的分界线。

男教工和男学生的上声声调起点和止点均在第 2 区间,折点均在第 1 区间,为最低点。

男教工和男学生的去声声调起点均在第 5 区间;男教工的去声声调止点在第 2 区间,男学生的去声声调止点在第 1 区间,接近第 1 与第 2 区间的分界线。

（三）女声比较

表 2.3.3　学生与教工（女）普通话声调音高均值比较表（单位：T 值）

身份	调类	基频（T 值）				
		第 1 均分点	第 2 均分点	第 3 均分点	第 4 均分点	第 5 均分点
学生	阴平	4.2	4.2	4.2	4.2	4.3
	阳平	2.5	2.2	2.5	3.4	4.1
	上声	2.5	1.2	0.0	1.5	2.1
	去声	5.0	4.8	3.8	2.4	1.6
教工	阴平	4.1	4.1	4.1	4.1	4.0
	阳平	2.2	2.0	2.5	3.6	4.3
	上声	2.1	0.9	0.0	1.4	1.9
	去声	5.0	4.7	3.6	2.2	1.1

绘图如下：

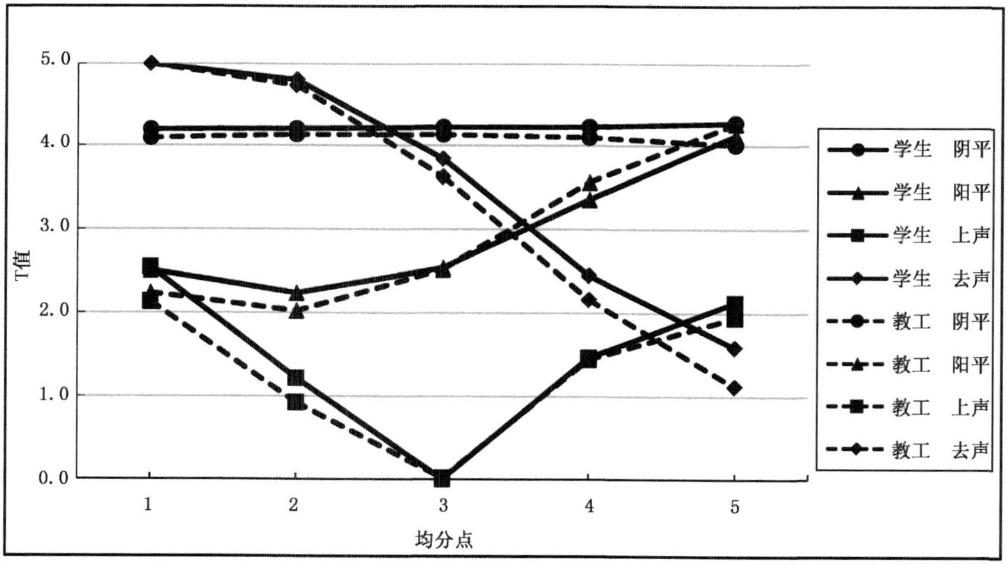

图 2.3.3　学生与教工（女）普通话声调调形比较图

女教工和女学生阴平声调起点和止点均在第 5 区间。

女教工和女学生阳平声调起点均在第 3 区间，止点均在第 5 区间。

女教工和女学生上声声调起点均在第 3 区间；女教工的声调止点在第 2 区间，

女学生的声调止点在第 3 区间，二者都接近第 2 与第 3 区间的分界线。女教工和女学生的上声声调折点都在第 1 区间，为最低点。

女教工和女学生的去声声调起点均在第 5 区间，为最高点；止点均在第 2 区间。

四、分地域声调比较

（一）综合数据比较

表 2.4.1　河北地区与非河北地区普通话声调音高均值比较表（单位：T 值）

地区	调类	基频（T 值）				
		第 1 均分点	第 2 均分点	第 3 均分点	第 4 均分点	第 5 均分点
河北	阴平	4.1	4.1	4.1	4.1	4.1
	阳平	2.4	2.1	2.6	3.5	4.0
	上声	2.2	0.9	0.0	1.3	1.9
	去声	5.0	4.8	3.7	2.4	1.6
非河北	阴平	4.0	4.0	4.1	4.1	4.1
	阳平	2.1	1.9	2.3	3.2	4.2
	上声	2.3	1.0	0.0	1.3	1.9
	去声	5.0	4.8	3.9	2.3	1.2

绘制成图如下：

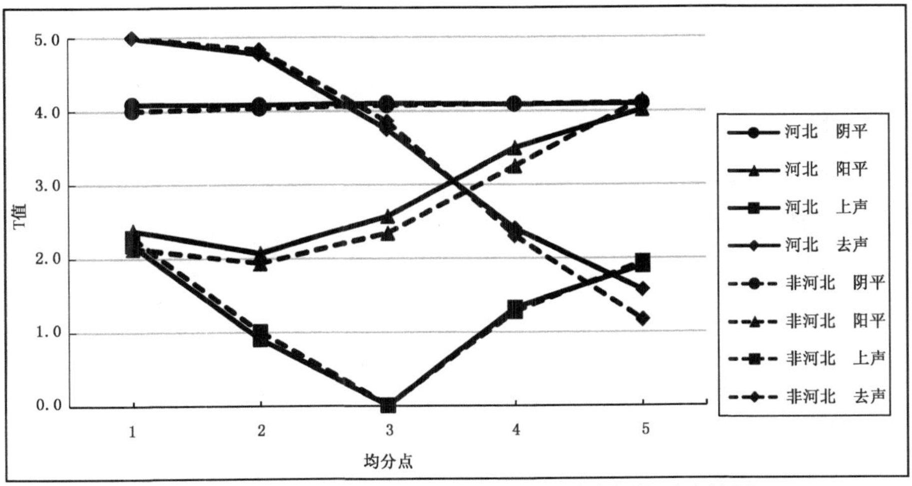

图 2.4.1　河北地区与非河北地区普通话声调调形比较图

河北地区阴平声调起点和止点均在第5区间,接近第5区间与第4区间的分界线;非河北地区的阴平声调起点在第5区间与第4区间的分界线上,止点在5区间,接近第5区间与第4区间的分界线。

河北地区和非河北地区的阳平声调起点均在第3区间;河北地区的阳平声调止点位于第5区间与第4区间的分界线,非河北地区的阳平声调止点位于第5区间。

河北地区和非河北地区的上声声调起点均在第3区间;折点均为最低点,位于第1区间;止点均在第2区间,接近第2区间与第3区间的分界线。

河北地区和非河北地区的去声声调起点均是最高点,位于第5区间,止点均在第2区间。

(二)男声比较

表2.4.2　河北地区与非河北地区(男)普通话声调音高均值比较表(单位:T值)

地区	调类	基频(T值)				
		第1均分点	第2均分点	第3均分点	第4均分点	第5均分点
河北	阴平	3.8	3.8	3.8	3.8	3.8
	阳平	1.6	1.4	2.2	3.3	3.9
	上声	1.3	0.2	0.0	0.9	1.4
	去声	5.0	4.9	3.8	2.2	1.3
非河北	阴平	3.7	3.7	3.8	3.8	3.8
	阳平	1.5	1.3	2.0	3.1	4.1
	上声	1.7	0.5	0.0	1.0	1.7
	去声	5.0	4.8	3.6	1.8	0.5

绘制成图如下页:

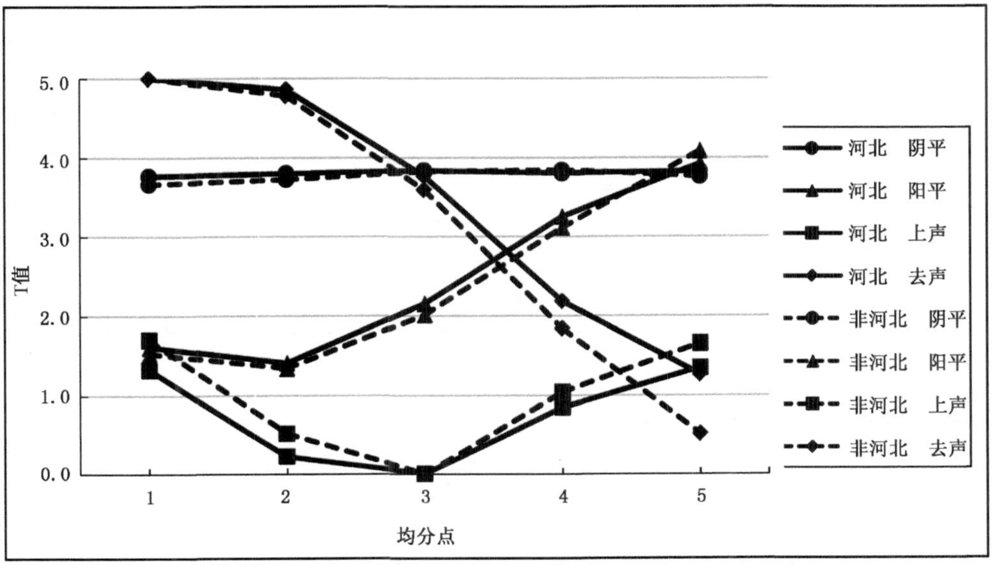

图 2.4.2　河北地区与非河北地区(男)普通话声调调形比较图

河北男性与非河北男性的阴平声调起点和止点均在第 4 区间。

河北男性与非河北男性的阳平声调起点都在第 2 区间;虽然河北男性的阳平声调止点在第 4 区间,非河北男性的阳平声调止点在第 5 区间,但两者的止点都接近第 4 与第 5 区间的分界线。

河北男性与非河北男性的上声声调起点和止点均在第 2 区间,折点均在第 1 区间。

河北男性与非河北男性的去声声调起点均在第 5 区间;河北男性去声声调止点在第 2 区间,非河北男性去声声调止点在第 1 区间。

(三)女声比较

表 2.4.3　河北地区与非河北地区(女)普通话声调音高均值比较表(单位:T 值)

地区	调类	基频(T 值)				
		第 1 均分点	第 2 均分点	第 3 均分点	第 4 均分点	第 5 均分点
河北	阴平	4.3	4.2	4.3	4.2	4.2
	阳平	2.8	2.4	2.8	3.6	4.1
	上声	2.6	1.3	0.0	1.6	2.2
	去声	5.0	4.7	3.7	2.5	1.7

续表

地区	调类	基频(T值)				
		第1均分点	第2均分点	第3均分点	第4均分点	第5均分点
非河北	阴平	4.1	4.2	4.2	4.2	4.3
	阳平	2.4	2.2	2.5	3.3	4.2
	上声	2.5	1.2	0.0	1.4	2.1
	去声	5.0	4.8	4.0	2.5	1.5

绘制成图如下：

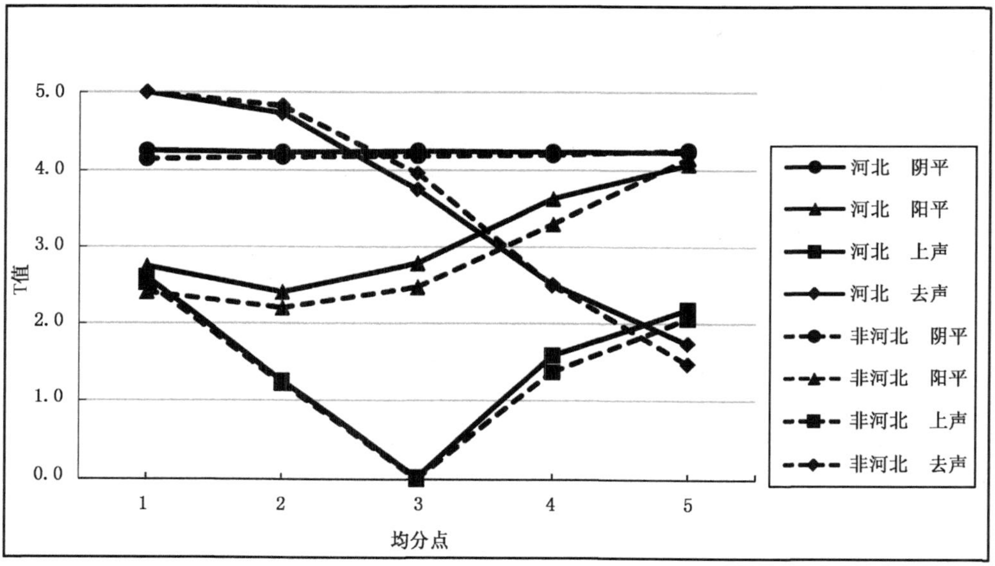

图2.4.3 河北与非河北地区(女)普通话声调调形比较图

河北女性和非河北女性的阴平声调起止点均在第5区间；阳平声调起点均在第3区间，止点均在第5区间；上声声调起点和止点均在第3区间，折点为最低点；去声声调起点在第5区间，止点在第2区间。

五、学生各年龄组声调比较

燕山大学校园内有近5万人工作、学习和生活，其中教职工3200人(专职教师2200人)，学生46053人(普通高等教育在校生38000人，研究生在校生人数8053人)，学生占了全校总人数的近94%。可以说学生是校园普通话的主要使用者。

（一）≤20 岁组和 21 ~ 22 岁组声调比较

1. 综合数据比较

表 2.5.1　≤20 岁组与 21 ~ 22 岁组普通话声调音高均值比较表（单位：T 值）

年龄	调类	基频（T 值）				
		第 1 均分点	第 2 均分点	第 3 均分点	第 4 均分点	第 5 均分点
≤20 岁	阴平	4.2	4.2	4.2	4.2	4.3
	阳平	2.3	1.9	2.3	3.1	4.1
	上声	2.3	1.0	0.0	1.5	2.2
	去声	5.0	4.7	3.4	2.0	1.5
21 ~ 22 岁	阴平	4.2	4.2	4.3	4.3	4.3
	阳平	2.5	2.2	2.7	3.6	4.1
	上声	2.1	1.0	0.0	1.4	2.1
	去声	5.0	4.8	3.9	2.6	1.5

绘制成图如下：

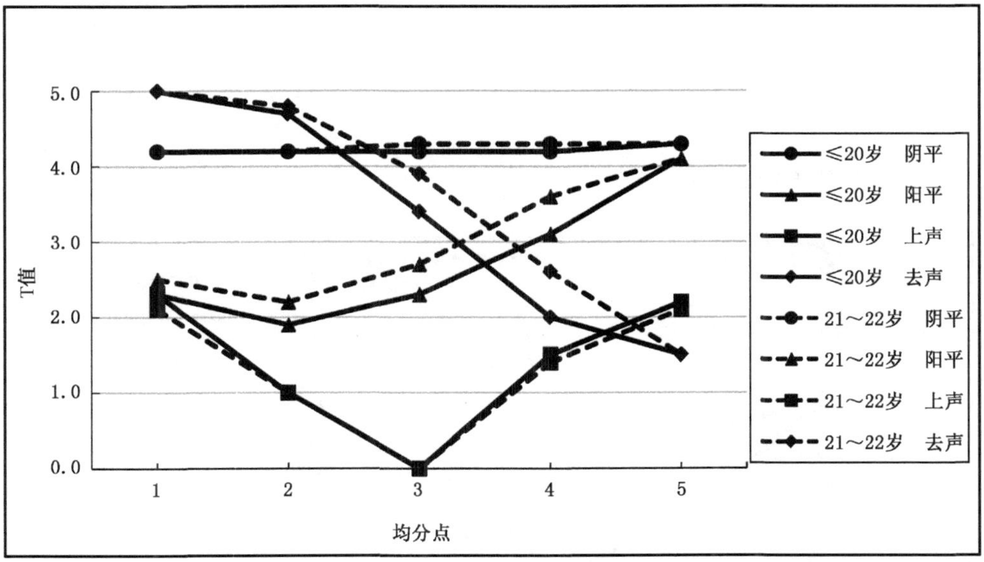

图 2.5.1　≤20 岁组与 21 ~ 22 岁组普通话声调调形比较图

两个年龄组的阴平声调起点和止点均在第 5 区间。

两个年龄组的阳平声调起点均在第 3 区间，止点均在第 5 区间。

两个年龄组的上声声调起点和止点均在第3区间，折点均在第1区间，折点为最低点。

两个年龄组的去声声调起点均为最高点，均在第5区间，止点均在第2区间。

2. 男声比较

表 2.5.2　≤20 岁组与 21～22 岁组（男）普通话声调音高均值比较表（单位：T 值）

年龄	调类	基频（T 值）				
		第1均分点	第2均分点	第3均分点	第4均分点	第5均分点
≤20 岁	阴平	4.1	4.2	4.2	4.2	4.3
	阳平	2.2	1.8	2.4	3.5	4.4
	上声	2.2	0.9	0.0	1.4	2.3
	去声	5.0	4.7	3.4	1.9	1.2
21～22 岁	阴平	3.9	3.9	4.0	4.0	3.8
	阳平	1.5	1.4	2.3	3.4	4.0
	上声	1.2	0.2	0.1	0.7	1.3
	去声	5.0	4.9	3.8	2.2	1.3

绘制成图如下：

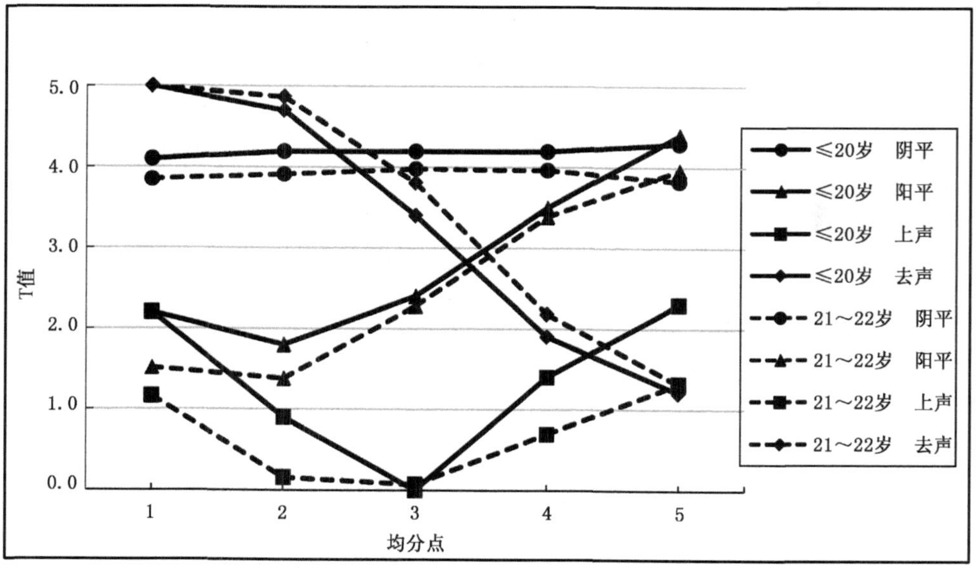

图 2.5.2　≤20 岁组与 21～22 岁组（男）普通话声调调形比较图

可以明显看出：

≤20 岁男生的阴平调值稳定在第 5 区间，21 ~ 22 岁男生阴平调值处于第 4 区间。

≤20 岁男生阳平调值的起点在第 3 区间，止点在第 5 区间；21 ~ 22 岁男生阳平调值起点在第 2 区间，止点在第 4 与第 5 区间的分界线上。对两组男发音人阴平声调、阳平声调的第一均分点的 T 值分别进行独立样本 T 检验，结果显示二者差异显著($p < 0.05$)。

≤20 岁男生上声调值起点和止点均在第 3 区间；21 ~ 22 岁男生上声调值起点与止点均在第 2 区间。但通过对两组发音人上声声调起点 T 值进行独立样本 T 检验，结果显示二者并无显著差异($p > 0.05$)。

≤20 岁与 21 ~ 22 岁男生去声调值的起点均在第 5 区间，为最高点；止点均在第 2 区间，但≤20 岁男生的止点 T 值是 1.2，低于 21 ~ 22 岁男生止点 T 值 1.3。对两组发音人阴平声调止点 T 值进行独立样本 T 检验，结果显示二者无显著差异($p > 0.05$)。

总起来看，除去声声调外，≤20 岁男生的声调曲线在 21 ~ 22 岁男生之上。

3. 女声比较

表 2.5.3　≤20 岁组与 21 ~ 22 岁组(女)普通话声调音高均值比较表(单位：T 值)

年龄	调类	基频(T 值)				
		第 1 均分点	第 2 均分点	第 3 均分点	第 4 均分点	第 5 均分点
≤20 岁	阴平	4.2	4.2	4.3	4.3	4.3
	阳平	2.4	2.0	2.2	3.0	3.9
	上声	2.4	1.1	0.0	1.6	2.3
	去声	5.0	4.7	3.4	2.1	1.7
21 ~ 22 岁	阴平	4.4	4.4	4.4	4.4	4.6
	阳平	2.9	2.6	2.9	3.7	4.2
	上声	2.7	1.4	0.0	1.8	2.5
	去声	5.0	4.8	4.0	2.8	1.6

绘制成图如下页：

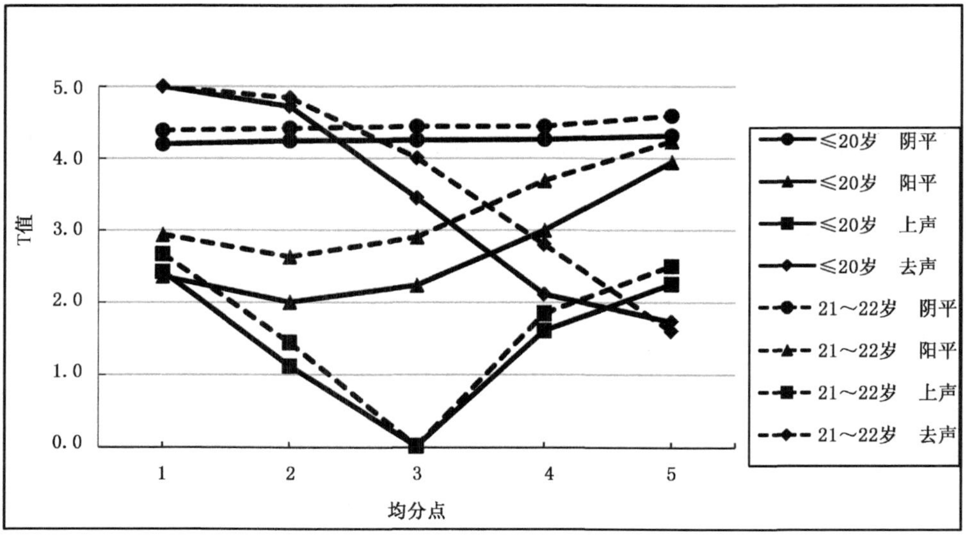

图 2.5.3　≤20 岁组与 21～22 岁组(女)普通话声调调形比较图

可以看到:

≤20 岁组和 21～22 岁组的女生阴平声调均在第 5 区间。但21～22 岁女生的阴平声调曲线略高于≤20 岁女生。

≤20 岁组的女生阳平声调起点在第 3 区间,止点在第 4 区间,接近第 5 区间;21～22 岁组女生阳平声调起点在第 3 区间,止点在第 5 区间。21～22 岁女生的阳平声调曲线略高于≤20 岁女生。对两组发音人阳平声调起点 T 值进行独立样本 T 检验,结果显示二者差异显著($p<0.05$)。

≤20 岁组的女生上声声调的起点与 21～22 岁组女生上声声调的起点同在第 3 区间;≤20 岁组的女生上声声调的止点与 21～22 岁组女生上声声调的止点同在第 3 区间;二者的折点为最低点,均在第 1 区间。21～22 岁女生的上声声调曲线略高于≤20 岁女生。对两组发音人上声声调止点 T 值进行独立样本 T 检验,结果显示二者并无显著差异($p>0.05$)。

≤20 岁组的女生去声声调的起点和 21～22 岁组女生去声声调的起点同在第 5 区间;≤20 岁组和 21～22 岁组的女生去声声调的止点均在第 1 区间。

总起来看,21～22 岁女生的声调曲线高于≤20 岁女生。

（二）21～22岁组与23～27岁组声调比较

1. 综合数据比较

表2.5.4　21～22岁组与23～27岁组普通话声调音高调均值比较表（单位：T值）

年龄	调类	基频（T值）				
		第1均分点	第2均分点	第3均分点	第4均分点	第5均分点
21～22岁	阴平	4.2	4.2	4.3	4.3	4.3
	阳平	2.5	2.2	2.7	3.6	4.1
	上声	2.1	1.0	0.0	1.4	2.1
	去声	5.0	4.8	3.9	2.6	1.5
23～27岁	阴平	4.0	3.9	3.9	3.9	3.9
	阳平	2.3	2.0	2.5	3.5	3.9
	上声	2.3	0.9	0.1	1.3	1.7
	去声	5.0	4.7	3.6	2.2	1.7

绘制成图如下：

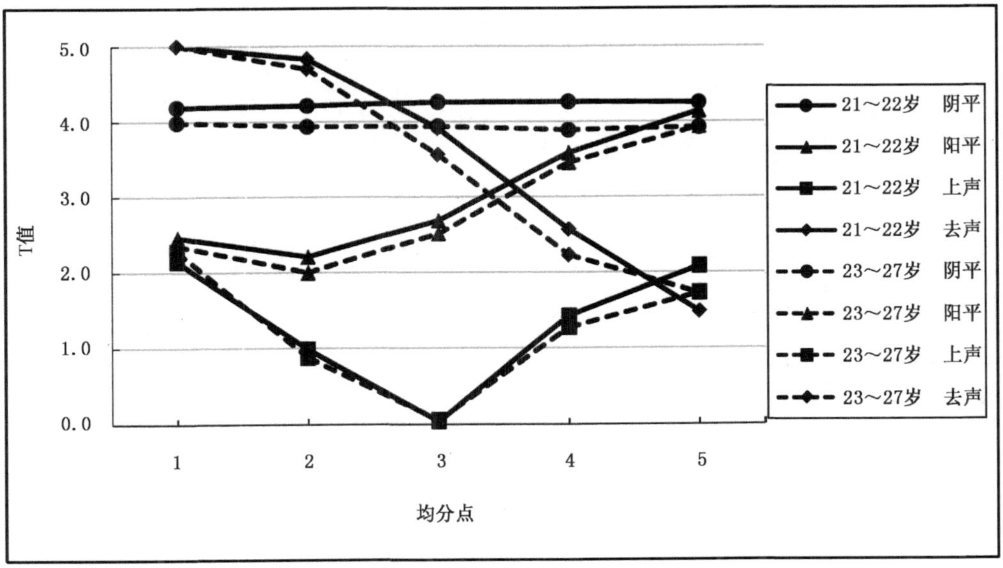

图2.5.4　21～22岁组与23～27岁组普通话声调调形比较图

21～22岁阴平声调起点和止点均在第5区间；23～27岁阴平声调起点位于第4与第5区间的分界线上，止点位于第4区间，接近第4与第5区间的分界线。

21～22 岁组和23～27 岁组的阳平声调起点均在第 3 区间;21～22 岁组的阳平声调止点在第 5 区间,23～27 岁组的阳平声调止点位于第 4 区间,接近第 4 与第 5 区间的分界线。

21～22 岁组和23～27 岁组的上声声调起点均在第 3 区间,折点均为最低点;21～22 岁组上声声调止点在第 3 区间,而 23～27 岁组的上声声调止点在第 2 区间。

21～22 岁组和23～27 岁组的去声声调起点均在第 5 区间,是最高点,止点均在第 2 区间。

总起来看,23～27 岁组的声调曲线都高于 21～22 岁组。

2. 男声比较

表 2.5.5 21～22 岁组与 23～27 岁组(男)普通话声调音高均值比较表(单位:T 值)

年龄	调类	基频(T 值)				
		第 1 均分点	第 2 均分点	第 3 均分点	第 4 均分点	第 5 均分点
21～22 岁	阴平	3.9	3.9	4.0	4.0	3.8
	阳平	1.5	1.4	2.3	3.4	4.0
	上声	1.2	0.2	0.1	0.7	1.3
	去声	5.0	4.9	3.8	2.2	1.3
23～27 岁	阴平	3.7	3.7	3.7	3.6	3.9
	阳平	1.8	1.5	2.1	3.1	3.9
	上声	1.6	0.4	0.0	1.1	1.5
	去声	5.0	4.9	3.8	2.2	1.3

绘制成图如下页:

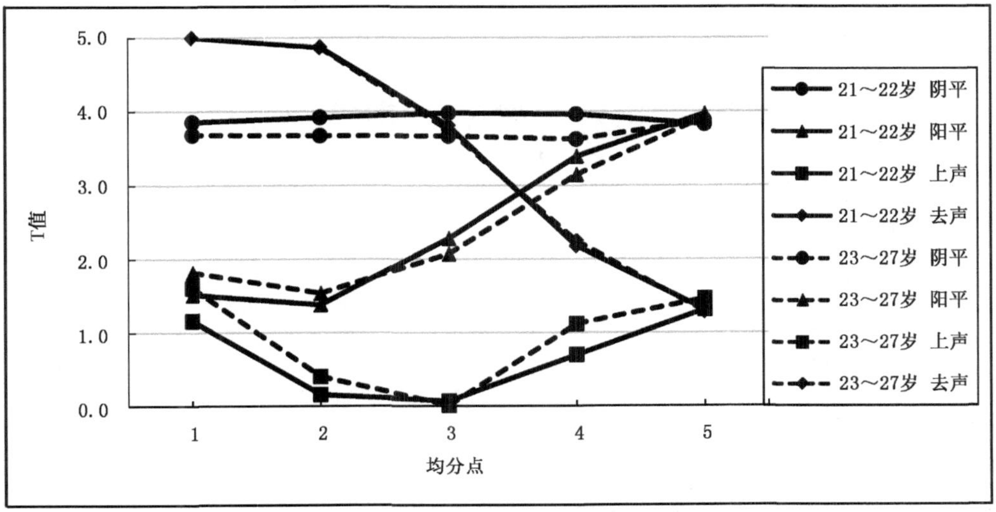

图 2.5.5　21 ~ 22 岁组与 23 ~ 27 岁组(男)普通话声调调形比较图

可以发现:

21 ~ 22 岁组男生阴平声调基本处于第 4 区间,无限接近第 4 区间与第 5 区间的分界线;23 ~ 27 岁组男生阴平声调处于第 4 区间。

21 ~ 22 岁组男生阳平声调的起点在第 2 区间,止点在第 4 与第 5 区间的分界线上;23 ~ 27 岁组男生阳平声调的起点在第 2 区间,止点在第 4 区间。

21 ~ 22 岁组和 23 ~ 27 岁组男生的上声声调值起点和止点均在第 2 区间,折点均为最低点,在第 1 区间;但 23 ~ 27 岁组男生上声声调曲线高于 21 ~ 22 岁组男生。

21 ~ 22 岁组男生和 23 ~ 27 岁组男生去声声调的曲线完全重合。

3. 女声比较

表 2.5.6　21 ~ 22 岁组与 23 ~ 27 岁组(女)普通话声调音高均值比较表(单位:T 值)

年龄	调类	基频(T 值)				
		第 1 均分点	第 2 均分点	第 3 均分点	第 4 均分点	第 5 均分点
21 ~ 22 岁	阴平	4.4	4.4	4.4	4.4	4.6
	阳平	2.9	2.6	2.9	3.7	4.2
	上声	2.7	1.4	0.0	1.8	2.5
	去声	5.0	4.8	4.0	2.8	1.6

续表

年龄	调类	基频(T值)				
		第1均分点	第2均分点	第3均分点	第4均分点	第5均分点
23～27岁	阴平	4.1	4.1	4.1	4.0	3.9
	阳平	2.6	2.2	2.7	3.6	3.9
	上声	2.6	1.1	0.0	1.3	1.8
	去声	5.0	4.6	3.4	2.2	1.9

绘制成图如下：

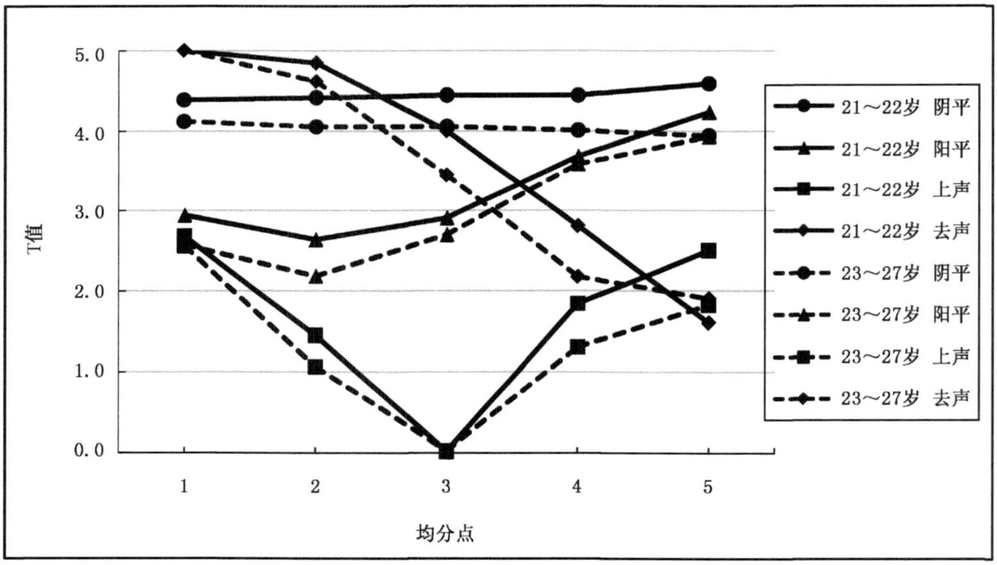

图2.5.6　21～22岁组与23～27岁组(女)普通话声调调形比较图

可以看到：

21～22岁女生的阴平调值都在第5区间;23～27岁女生的阴平调值几乎在第5与第4区间的分界线上,并且止点已经到了第4区间。

21～22岁女生阳平调值的起点靠近第3与第4区间的分界线,处于第3区间,止点在第5区间;23～27岁女生阳平调值起点处在第3区间,止点靠近第4与第5区间的分界线,但处于第4区间。

21～22岁女生和23～27岁女生上声调值的起点都在第3区间;21～22岁女生上声调值的止点在第3区间,23～27岁女生上声调值的止点在第2区间。

21～22岁女生和23～27岁女生去声调值的起点都在第5区间，止点都在第2区间，但23～27岁女生的止点接近第2与第3区间的分界线。

我们对两组发音人的四个声调的止点分别进行了独立样本T检验，结果显示，无论是阴平、阳平，还是上声、去声，二者都呈现显著差异（$p<0.05$）。

总起来看，21～22岁女生的声调曲线都高于23～27岁女生声调曲线。

（三）≤20岁、21～22岁与23～27岁三个年龄组声调比较

1. 综合数据比较

表2.5.7 ≤20岁、21～22岁与23～27岁组普通话声调音高均值比较表（单位：T值）

年龄	调类	基频（T值）				
		第1均分点	第2均分点	第3均分点	第4均分点	第5均分点
≤20岁	阴平	4.2	4.2	4.2	4.2	4.3
	阳平	2.3	1.9	2.3	3.1	4.1
	上声	2.3	1.0	0.0	1.5	2.2
	去声	5.0	4.7	3.4	2.0	1.5
21～22岁	阴平	4.2	4.2	4.3	4.3	4.3
	阳平	2.5	2.2	2.7	3.6	4.1
	上声	2.1	1.0	0.0	1.4	2.1
	去声	5.0	4.8	3.9	2.6	1.5
23～27岁	阴平	4.0	3.9	3.9	3.9	3.9
	阳平	2.3	2.0	2.5	3.5	3.9
	上声	2.3	0.9	0.1	1.3	1.7
	去声	5.0	4.7	3.6	2.2	1.7

绘制成图如下页：

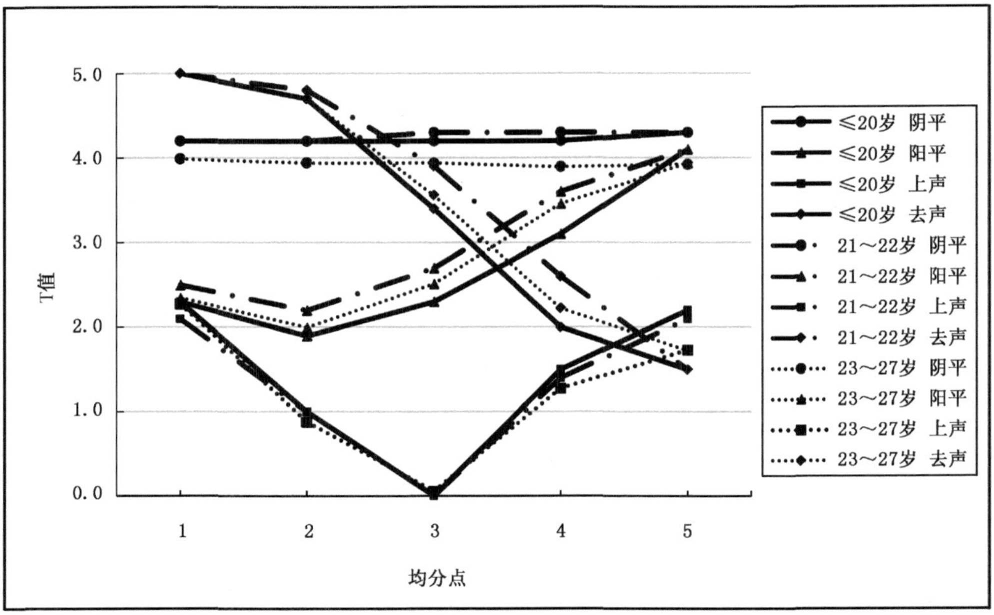

图 2.5.7　≤20 岁、21 ~ 22 岁与 23 ~ 27 岁组普通话声调调形比较图

≤20 岁组、21 ~ 22 岁组的阴平声调起点和止点处于第 5 区间;23 ~ 27 岁组的阴平声调起点处于第 4 与第 5 区间的分界线上,止点位于第 4 区间。

≤20 岁组、21 ~ 22 岁组和 23 ~ 27 岁组的阳平声调起点均在第 3 区间;≤20 岁组、21 ~ 22 岁组的阳平声调止点在第 5 区间,23 ~ 27 岁组的阳平声调止点位于第 4 区间。

≤20 岁组、21 ~ 22 岁组和 23 ~ 27 岁组的上声声调起点均在第 3 区间,折点均是最低点,在第 1 区间;≤20 岁组、21 ~ 22 岁组上声声调止点在第 3 区间,23 ~ 27 岁组的上声声调止点在第 2 区间。

≤20 岁组、21 ~ 22 岁组和 23 ~ 27 岁组的去声声调起点均为最高点,在第 5 区间,止点均在第 2 区间。

2. 男声比较

表 2.5.8　≤20 岁、21～22 岁与 23～27 岁组(男)普通话声调音高均值比较表(单位:T 值)

年龄	调类	基频(T 值)				
		第 1 均分点	第 2 均分点	第 3 均分点	第 4 均分点	第 5 均分点
≤20 岁	阴平	4.1	4.2	4.2	4.2	4.3
	阳平	2.2	1.8	2.4	3.5	4.4
	上声	2.2	0.9	0.0	1.4	2.3
	去声	5.0	4.7	3.4	1.9	1.2
21～22 岁	阴平	3.9	3.9	4.0	4.0	3.8
	阳平	1.5	1.4	2.3	3.4	4.0
	上声	1.2	0.2	0.1	0.7	1.3
	去声	5.0	4.9	3.8	2.2	1.3
23～27 岁	阴平	3.7	3.7	3.7	3.6	3.9
	阳平	1.8	1.5	2.1	3.1	3.9
	上声	1.6	0.4	0.0	1.1	1.5
	去声	5.0	4.9	3.8	2.2	1.3

绘制成图如下:

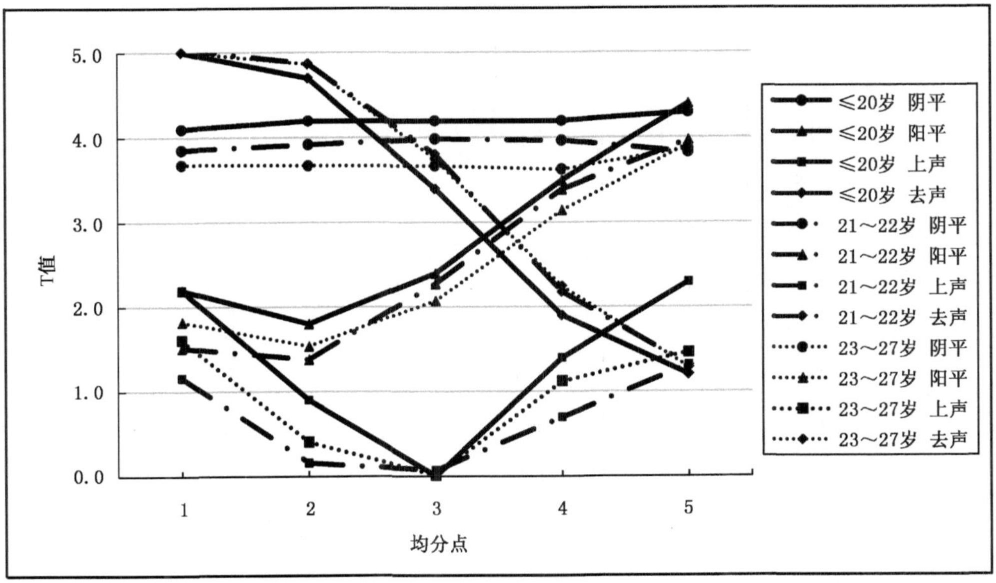

图 2.5.8　≤20 岁、21～22 岁与 23～27 岁组(男)普通话声调调形比较图

可以看到:

≤20 岁男生阴平声调的起点和止点均在第 5 区间,而 21 ~ 22 岁和 23 ~ 27 岁男生阴平声调的起点和止点均在第 4 区间。

≤20 岁男生阳平声调的起点在第 3 区间,21 ~ 22 岁和 23 ~ 27 岁男生阳平声调的起点在第 2 区间;≤20 岁男生阳平声调的止点在第 5 区间,21 ~ 22 岁和 23 ~ 27 岁男生阳平声调的起点在第 4 区间。

≤20 岁男生上声声调的起点和止点均在第 3 区间,21 ~ 22 岁和 23 ~ 27 岁男生上声声调的止点在第 2 区间。

三个年龄组男生去声声调的起点均在第 5 区间,止点均在第 2 区间。

总起来看,除了去声声调,≤20 岁男生的声调曲线都在其他年龄组声调曲线之上。

3. 女声比较

表 2.5.9　≤20 岁、21 ~ 22 岁与 23 ~ 27 岁组(女)普通话声调音高均值比较表(单位:T 值)

年龄	调类	基频(T 值)				
		第 1 均分点	第 2 均分点	第 3 均分点	第 4 均分点	第 5 均分点
≤20 岁	阴平	4.2	4.2	4.3	4.3	4.3
	阳平	2.4	2.0	2.2	3.0	3.9
	上声	2.4	1.1	0.0	1.6	2.3
	去声	5.0	4.7	3.4	2.1	1.7
21 ~ 22 岁	阴平	4.4	4.4	4.4	4.4	4.6
	阳平	2.9	2.6	2.9	3.7	4.2
	上声	2.7	1.4	0.0	1.8	2.5
	去声	5.0	4.8	4.0	2.8	1.6
23 ~ 27 岁	阴平	4.1	4.1	4.1	4.0	3.9
	阳平	2.6	2.2	2.7	3.6	3.9
	上声	2.6	1.1	0.0	1.3	1.8
	去声	5.0	4.6	3.4	2.2	1.9

绘制成图如下：

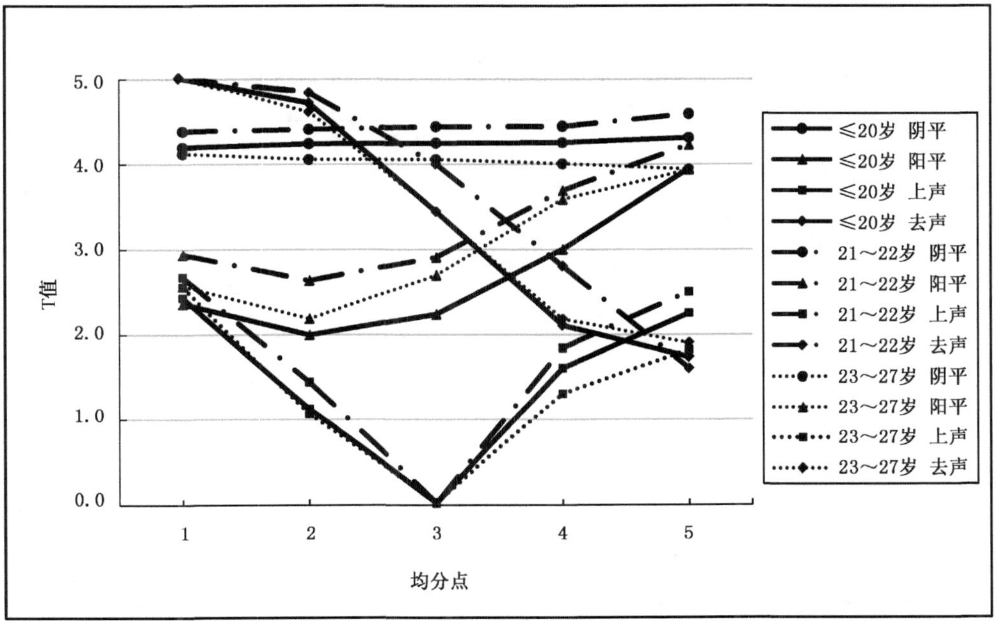

图 2.5.9 ≤20 岁、21～22 岁与 23～27 岁组(女)普通话声调调形比较图

三个年龄组女生阴平声调的起点和止点基本处于第 5 区间;但是 23～27 岁女生的阴平声调明显低于其他两个年龄组,止点位于第 5 与第 4 区间的分界线以下。

三个年龄组女生阳平声调的起点均在第 3 区间;21～22 岁女生阳平声调的止点在第 5 区间,其他两个年龄组的止点在第 4 区间。

三个年龄组女生上声声调的起点均处在第 3 区间,但止点呈下降趋势;≤20 岁和 21～22 岁年龄组的女生上声声调止点在第 3 区间,23～27 岁年龄组的女生上声声调止点在第 2 区间。

三个年龄组女生去声声调的起点均在第 5 区间,止点均在第 2 区间。

总起来看,21～22 岁女生的声调曲线都高于其他两个年龄组的声调曲线。

六、教工各年龄组声调比较

（一）28～44 组岁与≥45 岁组普通话综合数据比较

表 2.6.1　28～44 岁与≥45 岁组普通话声调音高均值比较表（单位：T 值）

年龄	调类	基频（T 值）				
		第 1 均分点	第 2 均分点	第 3 均分点	第 4 均分点	第 5 均分点
28～44 岁	阴平	4.1	4.2	4.1	4.1	4.0
	阳平	1.9	1.8	2.3	3.5	4.5
	上声	1.9	0.8	0.0	1.5	2.2
	去声	5.0	4.8	3.9	2.3	1.1
≥45 岁	阴平	3.6	3.6	3.6	3.6	3.5
	阳平	2.1	1.8	2.2	3.3	3.8
	上声	1.9	0.7	0.1	1.0	1.7
	去声	5.0	4.7	3.4	2.3	1.3

绘制成图如下：

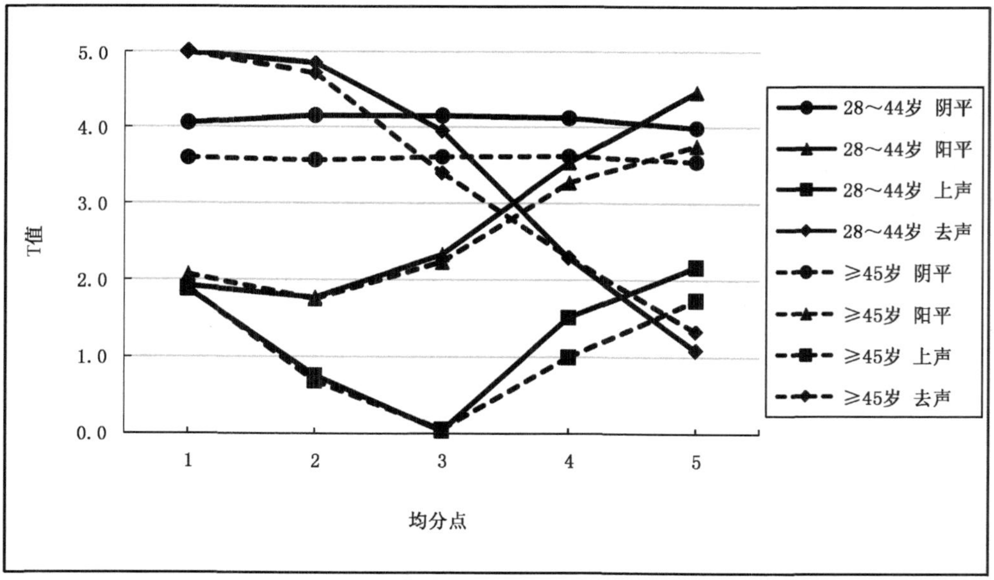

图 2.6.1　28～44 岁与≥45 岁组普通话声调调形比较图

28～44 岁组阴平声调起点与止点均在第 5 区间；≥45 岁组阴平声调起点与止点均在第 4 区间。

28～44 岁组和≥45 岁组阳平声调起点均在第 2 区间，接近第 2 与第 3 区间的分界线；28～44 岁组阳平声调止点在第 5 区间，≥45 岁组阳平声调止点在第 4 区间。

28～44 岁组和≥45 岁组上声声调起点均在第 2 区间，折点均为最低点，均在第 1 区间；28～44 岁组上声声调止点在第 3 区间，≥45 岁组上声声调止点在第 2 区间。

28～44 岁组和≥45 岁组去声声调起点均为最高点，均在第 5 区间；止点均在第 2 区间，28～44 岁组止点接近第 2 与第 1 区间分界线。

明显看出，28～44 岁组的声调曲线都高于≥45 岁组。

（二）男声比较

表 2.6.2　28～44 岁与≥45 岁组（男）普通话声调音高均值比较表（单位：T 值）

年龄	调类	基频（T 值）				
		第 1 均分点	第 2 均分点	第 3 均分点	第 4 均分点	第 5 均分点
28～44 岁	阴平	3.6	3.5	3.4	3.4	3.3
	阳平	1.3	1.0	1.6	2.9	4.2
	上声	1.5	0.4	0.0	1.0	2.1
	去声	5.0	4.9	4.1	2.8	1.6
≥45 岁	阴平	3.2	3.3	3.4	3.5	3.4
	阳平	1.7	1.5	2.0	3.2	3.6
	上声	1.4	0.3	0.0	0.8	1.8
	去声	5.0	4.7	3.4	2.2	1.1

绘制成图如下：

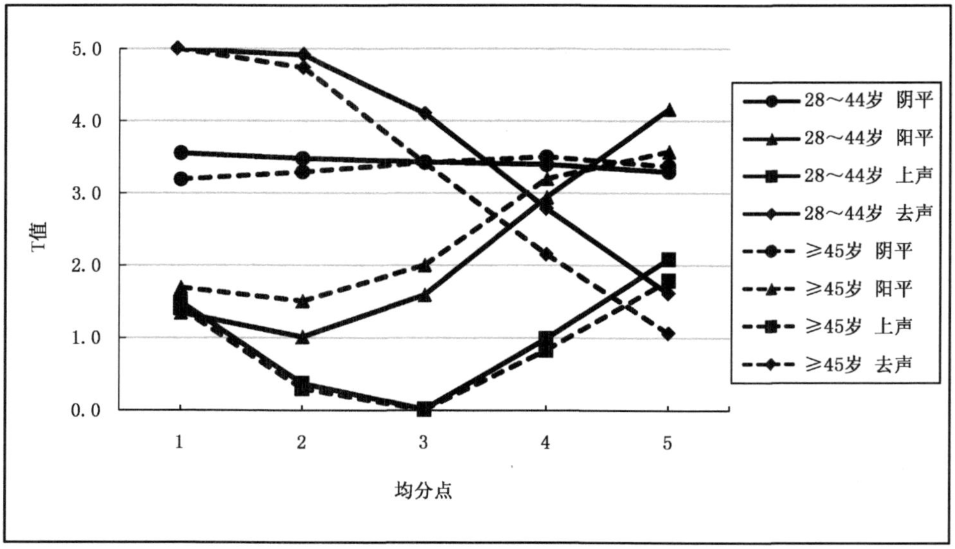

图 2.6.2 28～44 岁与≥45 岁组(男)普通话声调调形比较图

可以发现：

28～44 岁组男性和≥45 岁组男性的阴平声调均处于第 4 区间，对两组发音人阴平声调起点 T 值进行独立样本 T 检验，结果显示二者差异显著($p<0.05$)。

28～44 岁组和≥45 岁组男性阳平声调的起点均在第 2 区间；但 28～44 岁组止点在第 5 区间，≥45 岁组止点在第 4 区间。对两组发音人阳平声调止点 T 值进行独立样本 T 检验，结果显示二者差异显著($p<0.05$)。

28～44 岁组和≥45 岁组男性的上声声调起点均在第 2 区间；28～44 岁组男性上声声调止点在第 3 区间，≥45 岁组男性的上声声调止点处在第 2 与第 3 区间的分界线上。经过对两组发音人上声声调止点 T 值进行独立样本 T 检验，结果显示二者无显著差异($p>0.05$)。

28～44 岁组和≥45 岁组男性去声声调的起点均在第 5 区间，止点均在第 2 区间。相较而言，≥45 岁组男性去声声调止点接近第 2 与第 1 区间的分界。经过对两组发音人去声声调止点 T 值进行独立样本 T 检验，结果显示二者无显著差异($p>0.05$)。

（三）女声比较

表 2.6.3　28～44 岁与≥45 岁组（女）普通话声调音高均值比较表（单位：T 值）

年龄	调类	基频（T 值）				
		第 1 均分点	第 2 均分点	第 3 均分点	第 4 均分点	第 5 均分点
28～44 岁	阴平	4.3	4.3	4.3	4.4	4.4
	阳平	2.2	2.1	2.7	3.8	4.6
	上声	2.1	1.0	0.0	1.8	2.2
	去声	5.0	4.8	3.9	2.0	0.8
≥45 岁	阴平	3.9	3.8	3.7	3.7	3.7
	阳平	2.3	1.9	2.4	3.3	3.9
	上声	2.2	0.9	0.0	1.1	1.7
	去声	5.0	4.7	3.4	2.4	1.5

绘制成图如下：

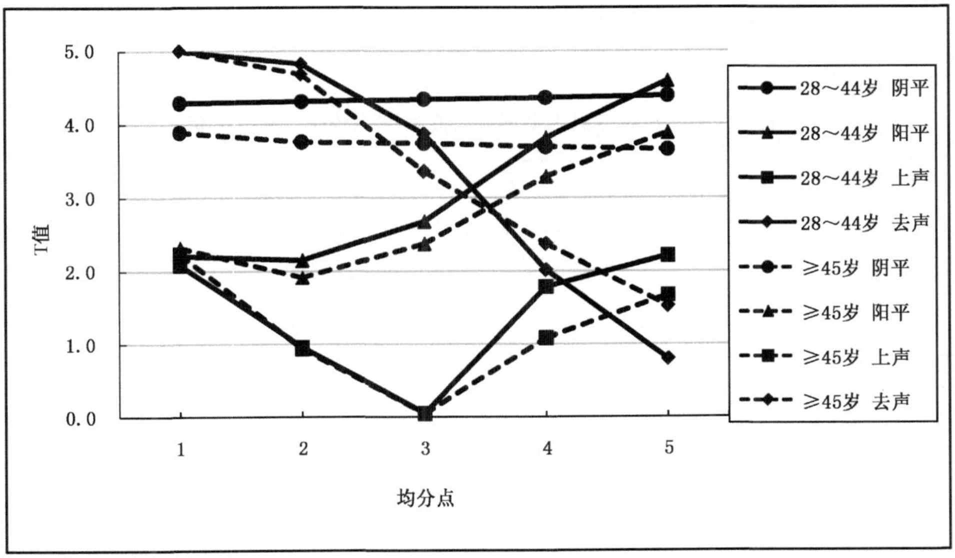

图 2.6.3　28～44 岁与≥45 岁组（女）普通话声调调形比较图

可以发现：

28～44 岁组女性的阴平声调处于第 5 区间；≥45 岁组女性的阴平声调处于第 4 区间。

28～44 岁组女性和≥45 岁组女性的阳平声调调值起点均在第 3 区间；28～44 岁组女性的阳平声调调值止点在第 5 区间，≥45 岁组女性阳平声调调值止点在第 4 区间，接近第 4 与第 5 区间的分界线。

28～44 岁组和≥45 岁组女性的上声声调调值起点均在第 3 区间，都比较接近第 3 区间和第 2 区间的分界线；28～44 岁组女性上声声调调值止点在第 3 区间，≥45 岁组女性的上声声调值止点处在第 2 区间。

28～44 岁组和≥45 岁组女性去声声调调值的起点均在第 5 区间；28～44 岁组女性去声声调调值的止点在第 1 区间，≥45 岁组女性去声声调调值的止点在第 2 区间。

我们对两组发音人四个声调的止点 T 值分别进行了独立样本 T 检验，结果显示，无论是阴平、阳平，还是上声、去声，二者都差异显著（$p<0.05$）。

总起来看，28～44 岁组女性的声调曲线都高于≥45 岁组女性。

七、各年龄组分声调比较

（一）各年龄组的阴平声调比较

1. 综合数据比较

表 2.7.1　各年龄组阴平声调音高均值比较表（单位：T 值）

年龄	阴平声调基频（T 值）				
	第 1 均分点	第 2 均分点	第 3 均分点	第 4 均分点	第 5 均分点
≤20 岁	4.2	4.2	4.2	4.2	4.3
21～22 岁	4.2	4.2	4.3	4.3	4.3
23～27 岁	4.0	3.9	3.9	3.9	3.9
28～44 岁	4.1	4.2	4.1	4.1	4.0
≥45 岁	3.6	3.6	3.6	3.6	3.5

绘制成图如下：

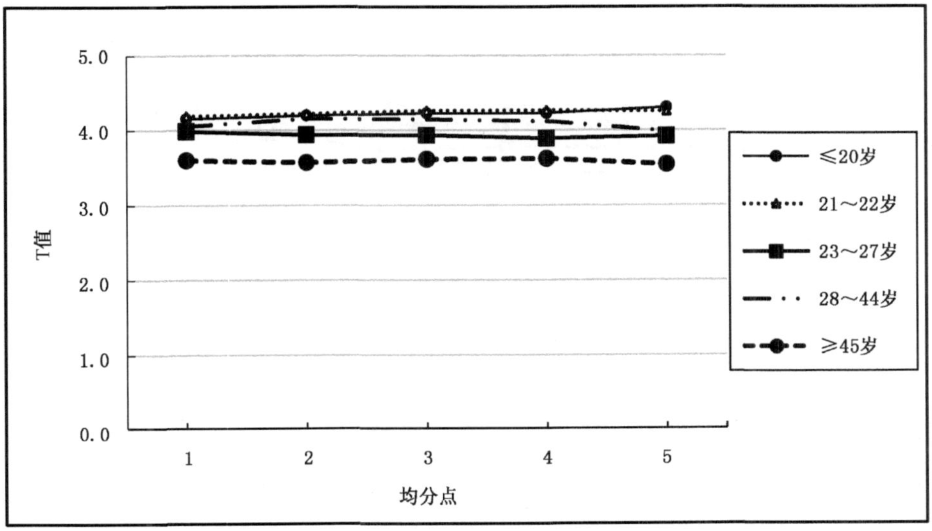

图 2.7.1　各年龄组阴平声调调形比较图

≤20 岁、21 ~ 23 岁、28 ~ 44 岁组的阴平声调起点与止点均在第 5 区间；23 ~ 27 岁阴平声调起点在第 5 与第 4 区间分界线上，止点在第 4 区间，接近第 4 与第 5 区间的分界线；≥45 岁组的阴平声调起点与止点均在第 4 区间。结合在校时间长短的因素，可以发现，随着在校时间的增长，阴平声调的调值呈现下降趋势。简而言之，阴平声调调值由 55 降至 44。

2. 男声比较

表 2.7.2　各年龄组(男)阴平声调音高均值比较表(单位:T 值)

年龄	男性阴平声调基频(T 值)				
	第 1 均分点	第 2 均分点	第 3 均分点	第 4 均分点	第 5 均分点
≤20 岁	4.1	4.2	4.2	4.2	4.3
21 ~ 22 岁	3.9	3.9	4.0	4.0	3.8
23 ~ 27 岁	3.7	3.7	3.7	3.6	3.9
28 ~ 44 岁	3.6	3.5	3.4	3.4	3.3
≥45 岁	3.2	3.3	3.4	3.5	3.4

绘制成图如下：

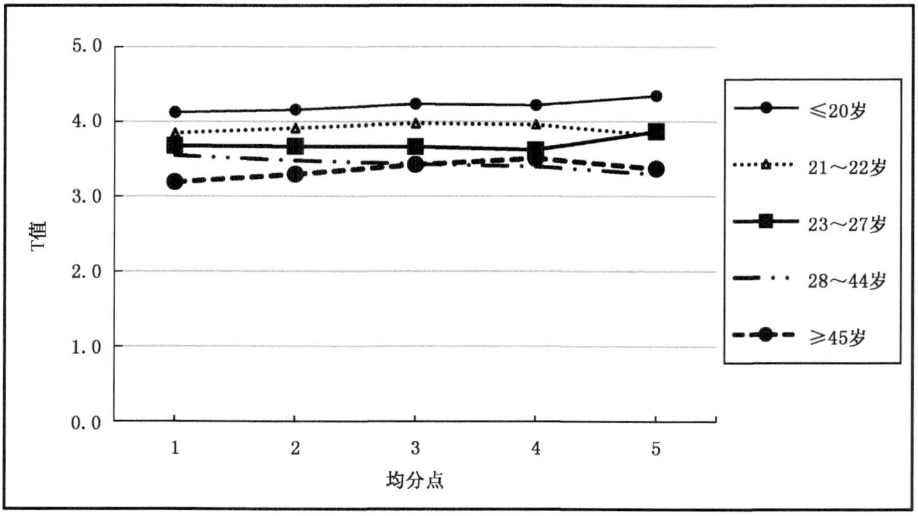

图 2.7.2　各年龄组(男)阴平声调调形比较图

可以看到,≤20 岁组男性的阴平声调在第 5 区间;21 ~22 岁组、23 ~27 岁组、28 ~44 岁组、≥45 岁组男性的阴平声调均在第 4 区间,并且四条平行线在第 4 区间里依次降落。从学生组来看,三个年龄组的男性的阴平声调调值为三条平行线,随着在校时间的增长,从第 5 区间下降到第 4 区间。教工组两个年龄组的男性阴平声调调值为两条平行线,尽管均在第 4 区间,就位置而言,≥45 岁男性的声调更接近第 4 与第 3 区间的分界线。因此可以说随着在校时间的增长,男性的阴平声调调值从第 5 区间降至第 4 区间。

3. 女声比较

表 2.7.3　各年龄组(女)阴平声调音高均值比较表(单位:T 值)

年龄	女性阴平声调基频(T 值)				
	第 1 均分点	第 2 均分点	第 3 均分点	第 4 均分点	第 5 均分点
≤20 岁	4.2	4.2	4.3	4.3	4.3
21 ~22 岁	4.4	4.4	4.4	4.4	4.6
23 ~27 岁	4.1	4.1	4.1	4.0	3.9
28 ~44 岁	4.3	4.3	4.3	4.4	4.4
≥45 岁	3.9	3.8	3.7	3.7	3.7

绘制成图如下：

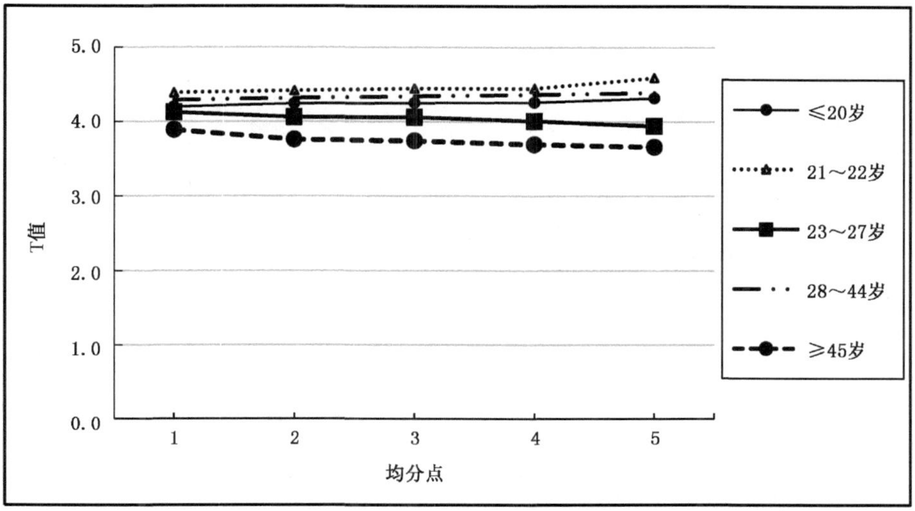

图 2.7.3　各年龄组(女)阴平声调调形比较图

可以看出,学生组≤20 岁与 21～22 岁两个年龄组的阴平声调起点和止点均在第 5 区间;23～27 岁组阴平声调调值起点在第 5 区间,止点在第 4 区间,接近第 5 与第 4 区间的分界线。教工 28～44 岁组阴平声调起点和止点均在第 5 区间;≥45 岁组女性阴平声调调值在第 4 区间。可以看出,随着在校时间的增长,女性阴平声调调值有从第 5 区间滑向第 4 区间的趋势。综合来看,女性阴平声调调值总的趋势是从第 5 区间降至了第 4 区间。

(二) 各年龄组的阳平声调比较

1. 综合数据比较

表 2.7.4　各年龄组阳平声调音高均值比较表(单位:T 值)

年龄	阳平声调基频(T 值)				
	第 1 均分点	第 2 均分点	第 3 均分点	第 4 均分点	第 5 均分点
≤20 岁	2.3	1.9	2.3	3.1	4.1
21～22 岁	2.5	2.2	2.7	3.6	4.1
23～27 岁	2.3	2.0	2.5	3.5	3.9
28～44 岁	1.9	1.8	2.3	3.5	4.5
≥45 岁	2.1	1.8	2.2	3.3	3.8

绘制成图如下：

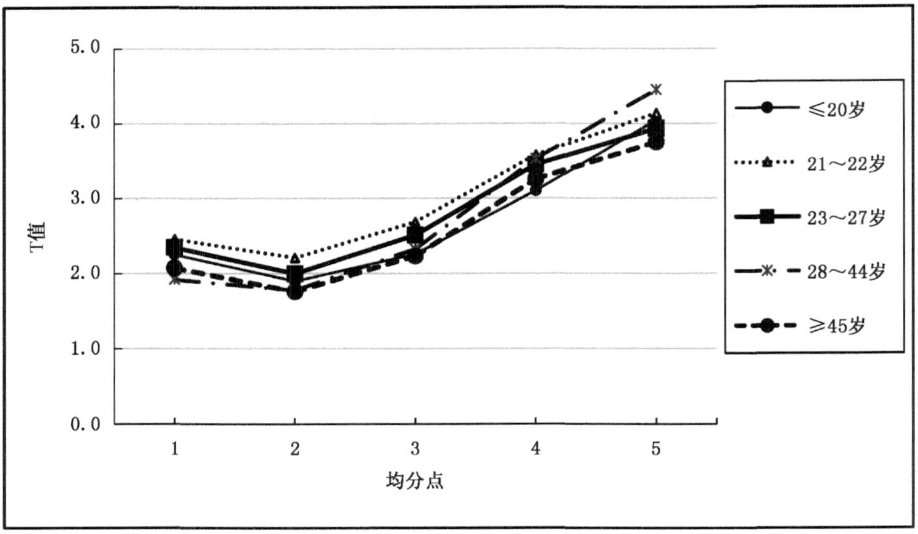

图 2.7.4　各年龄组阳平声调调形比较图

≤20 岁、21 ~ 22 岁、23 ~ 27 岁、≥45 岁组的阳平声调起点均在第 3 区间，28 ~ 44 岁组的阳平声调起点在第 2 区间，接近第 2 与第 3 区间的分界线；≤20 岁、21 ~ 22 岁、28 ~ 44 岁组阳平声调的止点均在第 5 区间，23 ~ 27 岁和≥45 岁组的阳平声调止点均在第 4 区间。可以看出，随着在校时间的增长，阳平声调的止点也有下滑的趋势。简言之，阳平声调调值在 35 与 34 之间。

2. 男声比较

表 2.7.5　各年龄组（男）阳平声调音高均值比较表（单位：T 值）

年龄	男性阳平声调基频（T 值）				
	第 1 均分点	第 2 均分点	第 3 均分点	第 4 均分点	第 5 均分点
≤20 岁	2.2	1.8	2.4	3.5	4.4
21 ~ 22 岁	1.5	1.4	2.3	3.4	4.0
23 ~ 27 岁	1.8	1.5	2.1	3.1	3.9
28 ~ 44 岁	1.3	1.0	1.6	2.9	4.2
≥45 岁	1.7	1.5	2.0	3.2	3.6

绘制成图如下：

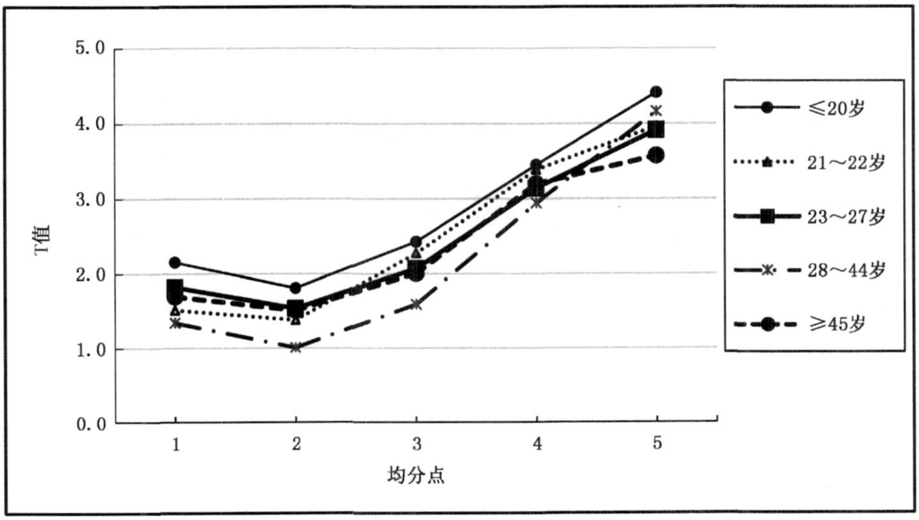

图 2.7.5 各年龄组(男)阳平声调调形比较图

可以看到,≤20 岁组男性阳平声调起点在第 3 区间,止点在第 5 区间;21 ~ 22 岁组、23 ~ 27 岁组、28 ~ 44 岁组、≥45 岁组男性的阳平声调起点均在第 4 区间;21 ~ 22 岁组男性的阳平声调止点在第 5 与第 4 区间的分界线上,23 ~ 27 岁组男性的阳平声调止点在第 4 区间,接近第 5 与第 4 区间的分界线。教工组 28 ~ 44 岁组男性的阳平声调止点在第 5 区间,≥45 岁组男性的阳平声调止点在第 4 区间。可以看出,随着在校时间的增长,男性的阳平声调调值起点从第 3 区间降至第 2 区间,止点从第 5 区间降至第 4 区间。

3. 女声比较

表 2.7.6 各年龄组(女)阳平声调音高均值比较表(单位:T 值)

年龄	女性阳平声调基频(T 值)				
	第 1 均分点	第 2 均分点	第 3 均分点	第 4 均分点	第 5 均分点
≤20 岁	2.4	2.0	2.2	3.0	3.9
21 ~ 22 岁	2.9	2.6	2.9	3.7	4.2
23 ~ 27 岁	2.6	2.2	2.7	3.6	3.9
28 ~ 44 岁	2.2	2.1	2.7	3.8	4.6
≥45 岁	2.3	1.9	2.4	3.3	3.9

绘制成图如下：

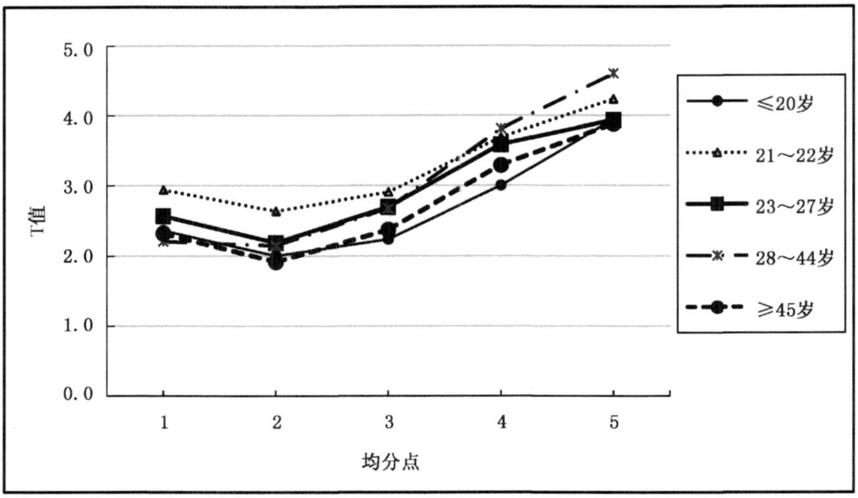

图 2.7.6　各年龄组(女)阳平声调调形比较图

可以看到,无论哪个年龄组,女性阳平声调调值起点一直稳定在第 3 区间;21~22 岁组女性阳平调值止点在第 5 区间,≤20 岁组和 23~27 岁组的止点在第 4 区间,但靠近第 5 与第 4 区间的分界线。教工 28~44 岁组女性阳平调值止点在第 5 区间,≥45 岁组的止点在第 4 区间,但靠近第 5 与第 4 区间的分界线。综合而言,女性阳平声调调值起点在第 3 区间,止点在第 5 区间。燕山大学女性阳平调值可以记为 35。当然从图示来看,阳平调值的起点和止点都有由高区间向低区间滑落的倾向。

(三) 各年龄组的上声声调比较

1. 综合数据比较

表 2.7.7　各年龄组上声声调音高均值比较表(单位:T 值)

年龄	上声声调基频(T 值)				
	第 1 均分点	第 2 均分点	第 3 均分点	第 4 均分点	第 5 均分点
21~22 岁	2.1	1.0	0.0	1.4	2.1
23~27 岁	2.3	0.9	0.1	1.3	1.7
28~44 岁	1.9	0.8	0.0	1.5	2.2
≥45 岁	1.9	0.7	0.1	1.0	1.7

绘制成图如下：

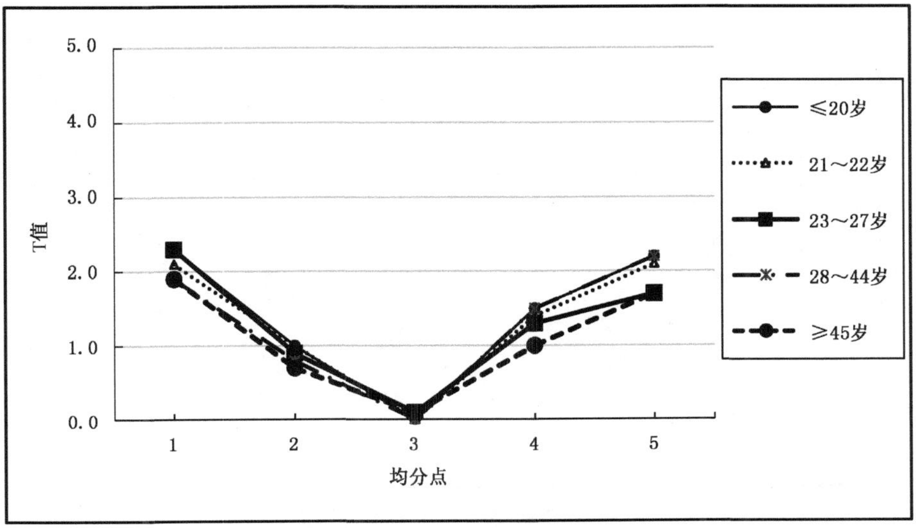

图 2.7.7　各年龄组上声声调调形比较图

≤20 岁、21 ~ 22 岁、23 ~ 27 岁上声声调起点均在第 3 区间，28 ~ 44 岁、≥45 岁上声声调起点均在第 2 区间；≤20 岁、21 ~ 22 岁、28 ~ 44 岁上声声调止点均在第 3 区间，23 ~ 27 岁与≥45 岁的上声声调止点均在第 2 区间。可以看出，随着在校时间的增长，上声声调的调值由 313 下滑至 212。

2. 男声比较

表 2.7.8　各年龄组(男)上声声调音高均值比较表(单位：T 值)

年龄	上声声调基频(T 值)				
	第 1 均分点	第 2 均分点	第 3 均分点	第 4 均分点	第 5 均分点
≤20 岁	2.2	0.9	0.0	1.4	2.3
21 ~ 22 岁	1.2	0.2	0.1	0.7	1.3
23 ~ 27 岁	1.6	0.4	0.0	1.1	1.5
28 ~ 44 岁	1.5	0.4	0.0	1.0	2.1
≥45 岁	1.4	0.3	0.0	0.8	1.8

绘制成图如下：

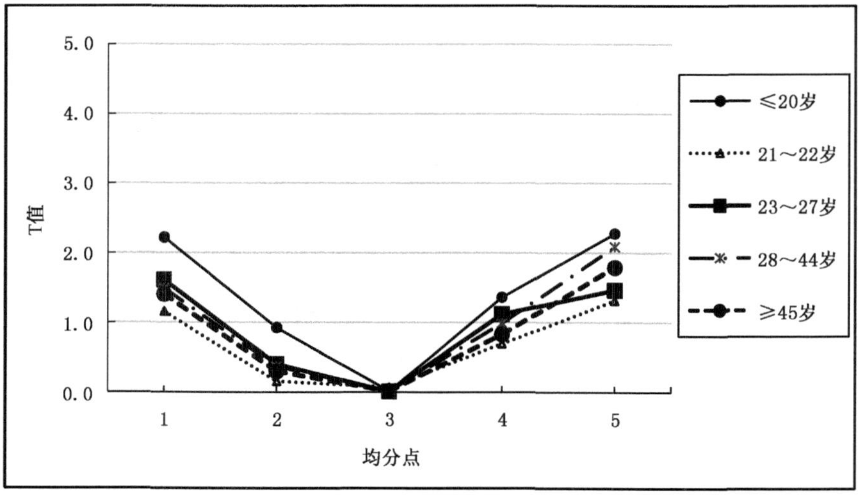

图 2.7.8　各年龄组(男)上声声调调形比较图

可以看出，≤20 岁组男性的上声声调起点最高，在第 3 区间，其他年龄组上声声调起点都处于第 2 区间；≤20 岁组男性的上声声调止点在第 3 区间，21～22 岁、23～27 岁组的止点在第 2 区间。教工组 28～44 岁组男性上声声调的止点在第 3 区间，≥45 岁组的止点在第 2 区间。由此可见，随着在校时间的增长，男性的上声调值起点从第 3 区间降至第 2 区间，止点从第 3 区间降至第 2 区间。

3. 女声比较

表 2.7.9　各年龄组(女)上声声调音高均值比较表(单位:T 值)

年龄	上声声调基频(T 值)				
	第 1 均分点	第 2 均分点	第 3 均分点	第 4 均分点	第 5 均分点
≤20 岁	2.4	1.1	0.0	1.6	2.3
21～22 岁	2.7	1.4	0.0	1.8	2.5
23～27 岁	2.6	1.1	0.0	1.3	1.8
28～44 岁	2.1	1.0	0.0	1.8	2.2
≥45 岁	2.2	0.9	0.0	1.1	1.7

绘制成图如下：

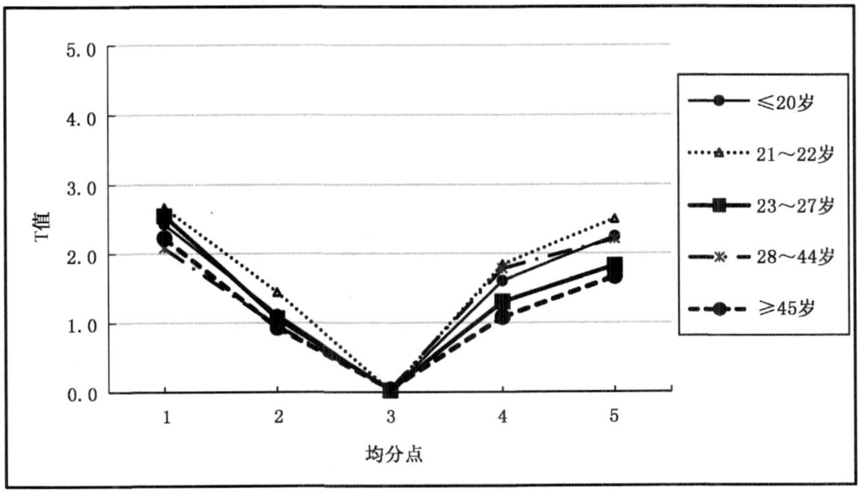

图 2.7.9　各年龄组(女)上声声调调形比较图

各个年龄组的女性上声声调起点稳定在第 3 区间;学生≤20 岁组、21 ~ 22 岁组的女性上声声调止点在第 3 区间,23 ~ 27 岁组的止点在第 2 区间。教工 28 ~ 44 岁组女性上声声调止点在第 3 区间,≥45 岁组止点在第 2 区间。可以看出,随着在校时间的增长,学生组女性上声声调止点从第 3 区间滑落至第 2 区间,教工组女性上声声调止点从第 3 区间滑落至第 2 区间。

(四) 各年龄组的去声声调比较

1. 综合数据比较

表 2.7.10　各年龄组去声声调音高均值比较表(单位:T 值)

年龄	去声声调基频(T 值)				
	第 1 均分点	第 2 均分点	第 3 均分点	第 4 均分点	第 5 均分点
≤20 岁	5.0	4.7	3.4	2.0	1.5
21 ~ 22 岁	5.0	4.8	3.9	2.6	1.5
23 ~ 27 岁	5.0	4.7	3.6	2.2	1.7
28 ~ 44 岁	5.0	4.8	3.9	2.3	1.1
≥45 岁	5.0	4.7	3.4	2.3	1.3

绘制成图如下：

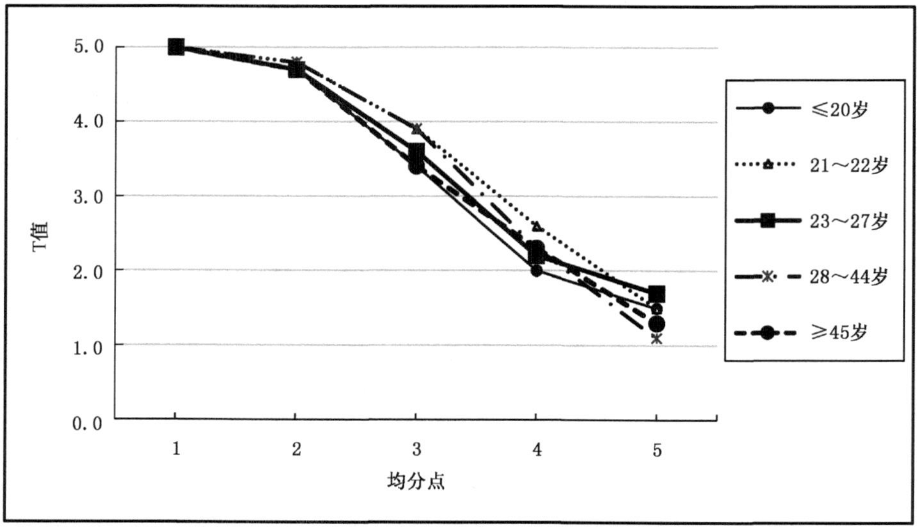

图 2.7.10　各年龄组去声声调调形比较图

五个年龄组的去声声调起点和止点比较一致，起点均为最高点，均在第 5 区间，止点均在第 2 区间。可以看到，去声调值比较一致，稳定在 52。

2. 男声比较

表 2.7.11　各年龄组（男）去声声调音高均值比较表（单位：T 值）

年龄	去声声调基频（T 值）				
	第 1 均分点	第 2 均分点	第 3 均分点	第 4 均分点	第 5 均分点
≤20 岁	5.0	4.7	3.4	1.9	1.2
21～22 岁	5.0	4.9	3.8	2.2	1.3
23～27 岁	5.0	4.9	3.8	2.2	1.3
28～44 岁	5.0	4.9	4.1	2.8	1.6
≥45 岁	5.0	4.7	3.4	2.2	1.1

绘制成图如下：

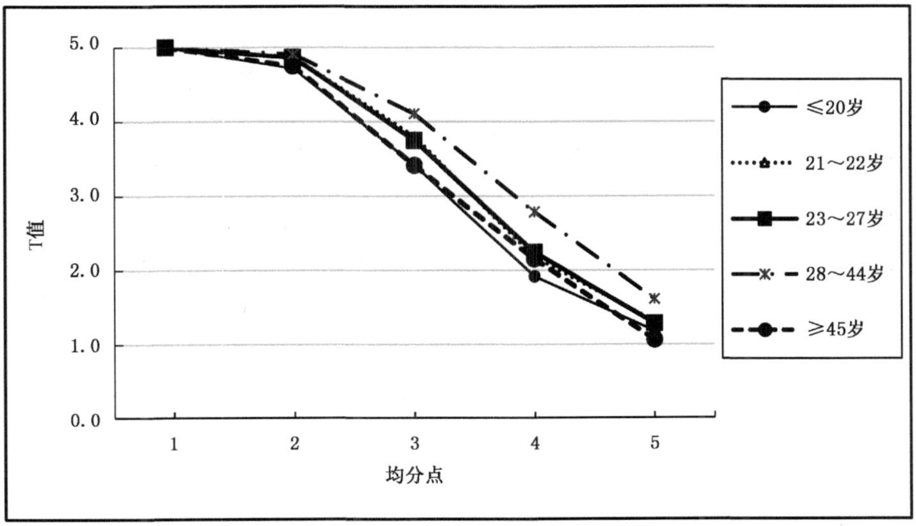

图 2.7.11　各年龄组(男)去声声调调形比较图

各个年龄组的男性去声调值起点稳居于第 5 区间，止点都在第 2 区间。

3. 女声比较

表 2.7.12　各年龄组(女)去声声调音高均值比较表(单位:T 值)

年龄	去声声调基频(T 值)				
	第 1 均分点	第 2 均分点	第 3 均分点	第 4 均分点	第 5 均分点
≤20 岁	5.0	4.7	3.4	1.8	0.8
21～22 岁	5.0	4.8	4.0	2.8	1.6
23～27 岁	5.0	4.6	3.4	2.2	1.9
28～44 岁	5.0	4.8	3.9	2.0	0.8
≥45 岁	5.0	4.7	3.4	2.4	1.5

绘制成图如下：

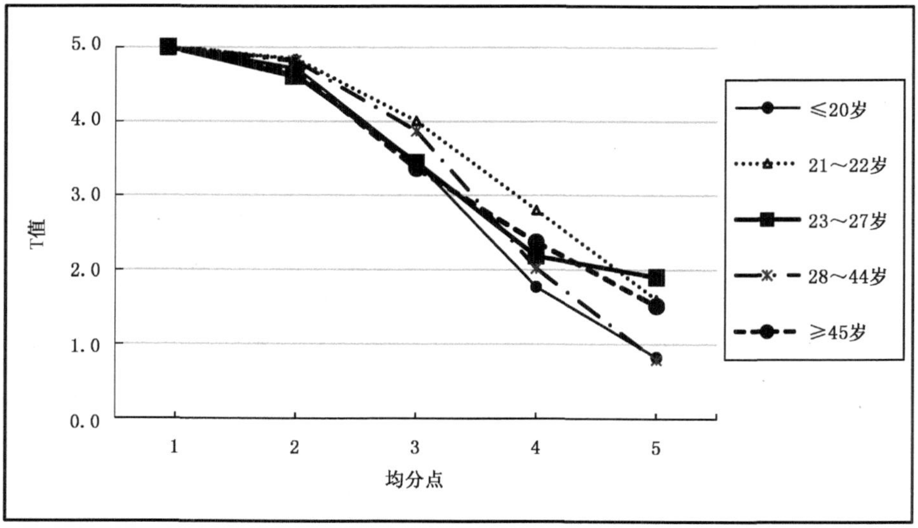

图 2.7.12　各年龄组(女)去声声调调形比较图

各个年龄组的女性去声调值的起点稳定在第 5 区间;学生组≤20 岁女性去声调值的止点在第 1 区间,21～22、23～27 岁的止点都在第 2 区间,而且 23～27 岁的止点比较接近第 2 与第 3 区间分界线。教工组 28～44 岁女性去声调值的止点在第 1 区间,≥45 岁的止点在第 2 区间。因此可以得出结论:随着在校时间的增长,女性组去声声调调值的止点从第 1 区间上升到了第 2 区间。

八、男性与女性声调比较

(一) 校园男性与女性普通话声调比较

表 2.8.1　燕大男性与女性普通话声调音高均值比较表(单位:T 值)

性别	调类	基频(T 值)				
		第 1 均分点	第 2 均分点	第 3 均分点	第 4 均分点	第 5 均分点
男	阴平	3.7	3.7	3.8	3.8	3.7
	阳平	1.6	1.4	2.0	3.2	4.0
	上声	1.6	0.5	0.0	1.0	1.7
	去声	5.0	4.8	3.7	2.1	0.9

续表

性别	调类	基频(T值)				
		第1均分点	第2均分点	第3均分点	第4均分点	第5均分点
女	阴平	4.2	4.2	4.2	4.2	4.2
	阳平	2.5	2.2	2.5	3.4	4.2
	上声	2.5	1.2	0.0	1.5	2.1
	去声	5.0	4.8	3.8	2.4	1.5

绘制成图如下：

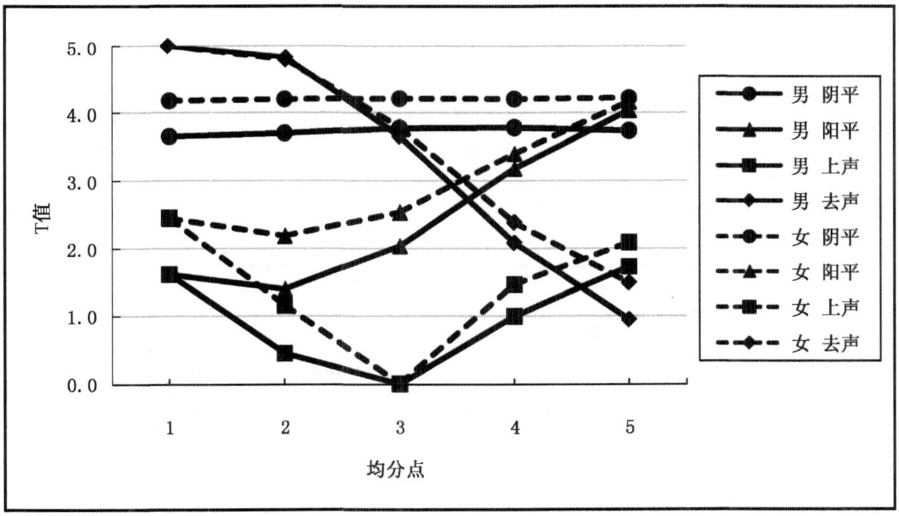

图2.8.1　燕大男性与女性普通话声调调形比较图

总起来看，女性声调曲线明显高于男性声调曲线。

具体而言，男性阴平声调居于第4区间，女性阴平声调居于第5区间。

男性阳平声调起点在第2区间，止点位于第4与第5区间的分界线上；女性阳平声调起点在第3区间，止点在5区间。

男性上声声调起点和止点均在第2区间，女性上声声调起点和止点均在第3区间。

男性、女性去声声调的起点均在第5区间，为最高点；男性去声声调止点在第1区间，女性去声声调止点在第2区间。

（二）教工组男性与女性普通话声调比较

表 2.8.2　教工组男性与女性普通话声调音高均值比较表（单位：T 值）

性别	调类	基频（T 值）				
		第 1 均分点	第 2 均分点	第 3 均分点	第 4 均分点	第 5 均分点
男	阴平	3.4	3.4	3.5	3.5	3.4
	阳平	1.6	1.3	1.8	3.1	3.9
	上声	1.5	0.3	0.0	0.9	1.9
	去声	5.0	4.8	3.7	2.4	1.3
女	阴平	4.1	4.1	4.1	4.1	4.0
	阳平	2.2	2.0	2.5	3.6	4.3
	上声	2.1	0.9	0.0	1.4	1.9
	去声	5.0	4.7	3.6	2.2	1.1

绘制成图如下：

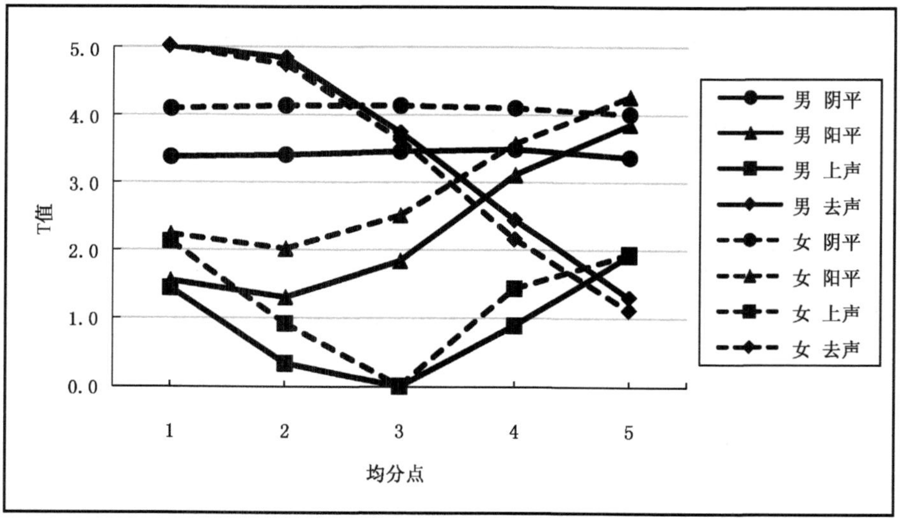

图 2.8.2　教工组男性与女性普通话声调调形比较图

总起来看，除掉去声声调，女教工普通话的声调曲线都高于男教工。

具体而言，男教工普通话阴平声调居于第 4 区间，女教工普通话阴平声调居于第 5 区间。

男教工阳平声调起点在第2区间,止点在第4区间;女教工阳平声调起点在第3区间,止点在第5区间。

男教工上声声调起点和止点均在第2区间;女教工上声声调起点在第3区间,止点在第2区间。

男教工和女教工去声起点均在第5区间,为最高点;止点均在第2区间。相较而言,女教工去声曲线低于男教工。

(三) 学生组男性与女性普通话声调比较

表2.8.3　学生组男性与女性普通话声调音高均值比较表(单位:T值)

性别	调类	基频(T值)				
		第1均分点	第2均分点	第3均分点	第4均分点	第5均分点
男	阴平	3.8	3.8	3.9	3.9	3.9
	阳平	1.7	1.5	2.1	3.2	4.1
	上声	1.7	0.5	0.0	1.1	1.7
	去声	5.0	4.8	3.6	2.0	0.9
女	阴平	4.2	4.2	4.2	4.2	4.3
	阳平	2.5	2.2	2.5	3.4	4.1
	上声	2.5	1.2	0.0	1.5	2.1
	去声	5.0	4.8	3.8	2.4	1.6

结合下页学生组男性与女性普通话声调调形比较图,我们可以发现:

总起来看,女性声调曲线高于男性。

具体而言,男学生的阴平声调在第4区间,女学生的阴平声调在第5区间。

男生的阳平声调起点在第2区间,止点在第5区间。女生的阳平声调起点在第3区间,止点在第5区间。

男生上声声调的起点和止点均在第2区间;女生上声声调的起点和止点均在第3区间。

男生去声声调和女生声调的起点均在第5区间,为最高点;男生去声声调止点在第1区间,女生去声声调止点在第2区间。

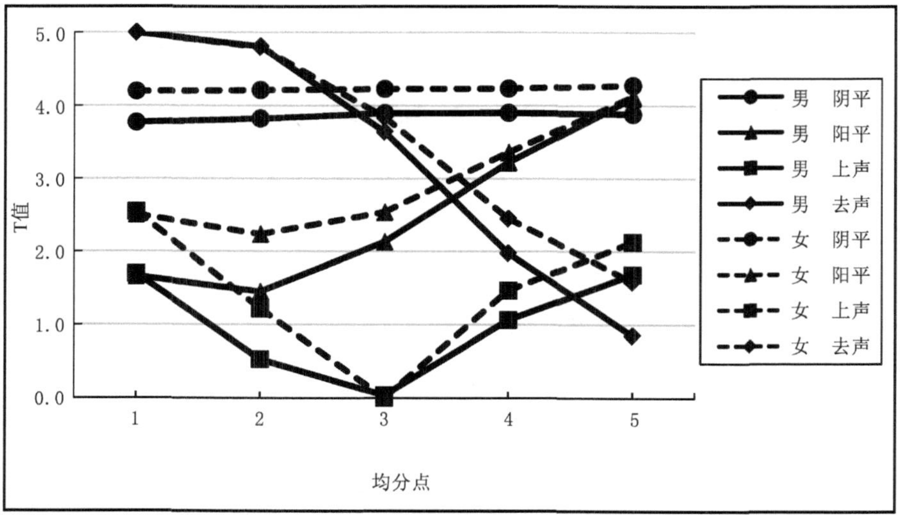

图 2.8.3 学生组男性与女性普通话声调调形比较图

(四)河北地区男性与女性普通话声调比较

表 2.8.4 河北地区男性与女性普通话音高均值比较表(单位:T 值)

性别	调类	基频(T 值)				
		第 1 均分点	第 2 均分点	第 3 均分点	第 4 均分点	第 5 均分点
男	阴平	3.8	3.8	3.8	3.8	3.8
	阳平	1.6	1.4	2.2	3.3	3.9
	上声	1.3	0.2	0.0	0.9	1.4
	去声	5.0	4.9	3.8	2.2	1.3
女	阴平	4.3	4.2	4.3	4.2	4.2
	阳平	2.8	2.4	2.8	3.6	4.1
	上声	2.6	1.3	0.0	1.6	2.2
	去声	5.0	4.7	3.7	2.5	1.7

结合下页河北地区男性与女性普通话声调调形比较图,我们可以发现:

河北地区男性的阴平声调在第 4 区间,女性的阴平声调在第 5 区间。

河北地区男性的阳平声调起点在 2 区间,止点在第 4 区间;女性的阳平声调起点在第 3 区间,止点在第 5 区间。

河北地区男性的上声声调起点和止点均在第 2 区间;女性的上声声调起点和

止点均在第 2 区间。

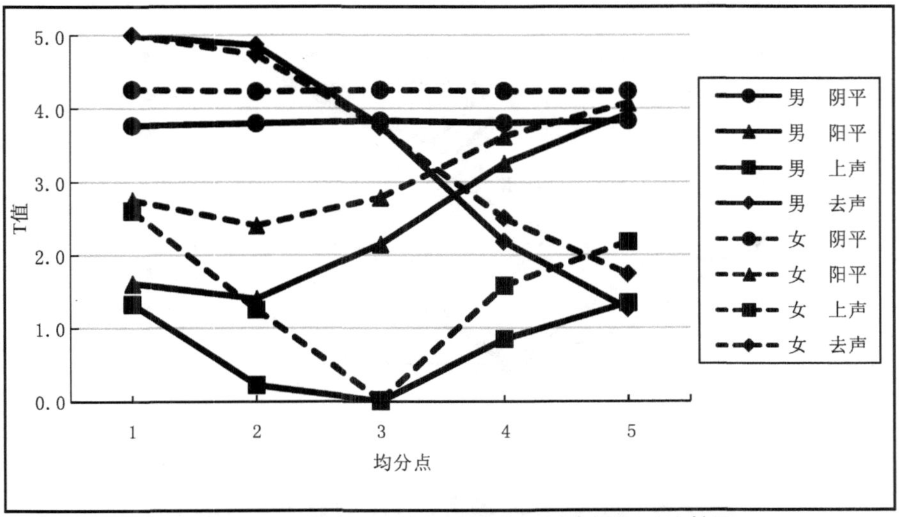

图 2.8.4　河北地区男性与女性普通话声调调形比较图

河北地区男性和女性的去声声调起点都在第 5 区间，为最高点；折点都在第 1 区间，为最低点；男性和女性的去声声调止点都在第 2 区间，但女性 T 值为 1.7，要高于男性的 1.3。

总起来看，河北地区女性的声调曲线普遍高于男性。

（五）非河北地区男性与女性普通话声调比较

表 2.8.5　非河北地区男性与女性普通话声调音高均值比较表（单位：T 值）

性别	调类	基频（T 值）				
		第 1 均分点	第 2 均分点	第 3 均分点	第 4 均分点	第 5 均分点
男	阴平	3.7	3.7	3.8	3.8	3.8
	阳平	1.5	1.3	2.0	3.1	4.1
	上声	1.7	0.5	0.0	1.0	1.7
	去声	5.0	4.8	3.6	1.8	0.5
女	阴平	4.1	4.2	4.2	4.2	4.3
	阳平	2.4	2.2	2.5	3.3	4.2
	上声	2.5	1.2	0.0	1.4	2.1
	去声	5.0	4.8	4.0	2.5	1.5

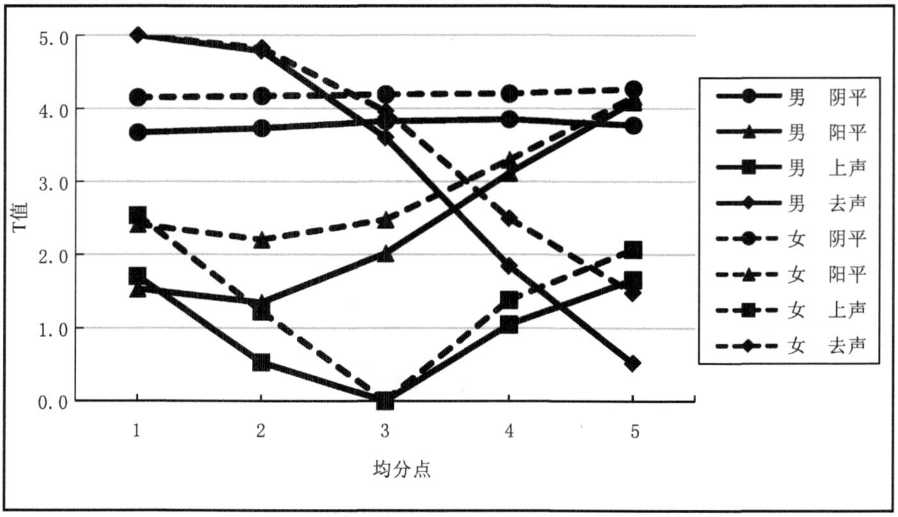

图 2.8.5 非河北地区男性与女性普通话声调调形比较图

非河北地区男性的阴平声调在第 4 区间,女性的阴平声调在第 5 区间。

男性的阳平声调起点在第 2 区间,止点在第 5 区间;女性的阳平声调起点在第 3 区间,止点在第 5 区间。

男性的上声声调起点和止点均在第 2 区间,女性的上声声调起点和止点均在第 3 区间;二者的折点均在第 1 区间,为最低点。

男性和女性的去声声调起点均在第 5 区间,为最高点;男性的去声声调止点在第 1 区间,女性的去声声调止点在第 2 区间。

总起来看,非河北地区女性的声调曲线均高于男性。

(六) ≤20 岁组男性与女性普通话声调比较

表 2.8.6 ≤20 岁组男性与女性普通话声调音高均值比较表(单位:T 值)

性别	调类	基频(T 值)				
		第 1 均分点	第 2 均分点	第 3 均分点	第 4 均分点	第 5 均分点
男	阴平	4.1	4.2	4.2	4.2	4.3
	阳平	2.2	1.8	2.4	3.5	4.4
	上声	2.2	0.9	0.0	1.4	2.3
	去声	5.0	4.7	3.4	1.9	1.2

续表

性别	调类	基频(T 值)				
		第 1 均分点	第 2 均分点	第 3 均分点	第 4 均分点	第 5 均分点
女	阴平	4.2	4.2	4.3	4.3	4.3
	阳平	2.4	2.0	2.2	3.0	3.9
	上声	2.4	1.1	0.0	1.6	2.3
	去声	5.0	4.7	3.4	2.1	1.7

绘制成图如下：

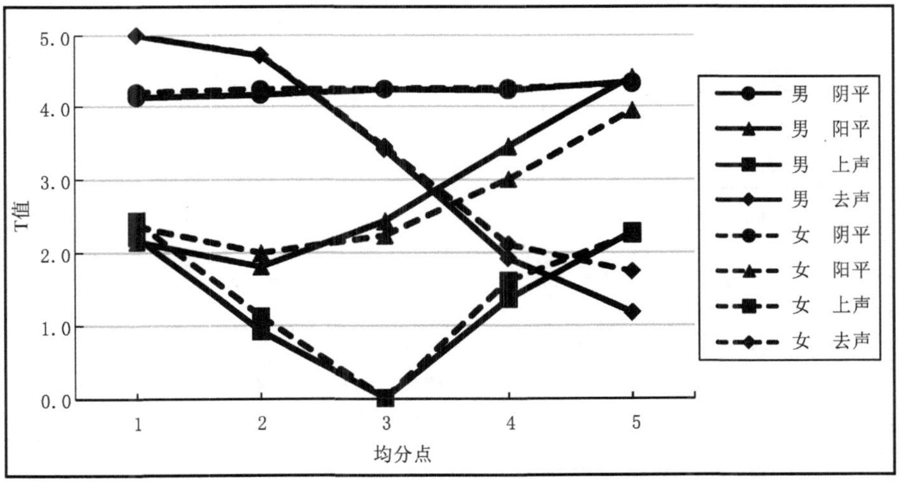

图 2.8.6　≤20 岁组男性与女性普通话声调调形比较图

≤20 岁男性和女性的阴平声调均在第 5 区间，女性的阴平声调起点 T 值为 4.2，略高于男性的 4.1。

≤20 岁男性和女性的阳平声调起点均在第 3 区间，只不过女性的起点 T 值 2.4，略高于男性的 2.2；男性的阳平声调止点在第 5 区间，女性的止点在第 4 区间。

≤20 岁男性和女性的上声声调起点和止点均在第 3 区间，折点均在第 1 区间，为最低点。相较而言，除了男女止点 T 值都是 2.3 外，女性的上声曲线要略高于男性。

≤20 岁男性和女性的去声声调起点均在第 5 区间，为最高点；男性和女性的去声声调止点均在第 2 区间，但女性止点 T 值为 1.7，高于男性的 1.2。因此相较而言，女性的去声声调曲线略高于男性。

（七）21～22岁组男性与女性普通话声调比较

表2.8.7　21～22岁组男性与女性普通话声调音高均值比较表（单位：T值）

性别	调类	基频（T值）				
		第1均分点	第2均分点	第3均分点	第4均分点	第5均分点
男	阴平	3.9	3.9	4.0	4.0	3.8
	阳平	1.5	1.4	2.3	3.4	4.0
	上声	1.2	0.2	0.1	0.7	1.3
	去声	5.0	4.9	3.8	2.2	1.3
女	阴平	4.4	4.4	4.4	4.4	4.6
	阳平	2.9	2.6	2.9	3.7	4.2
	上声	2.7	1.4	0.0	1.8	2.5
	去声	5.0	4.8	4.0	2.8	1.6

绘制成图如下：

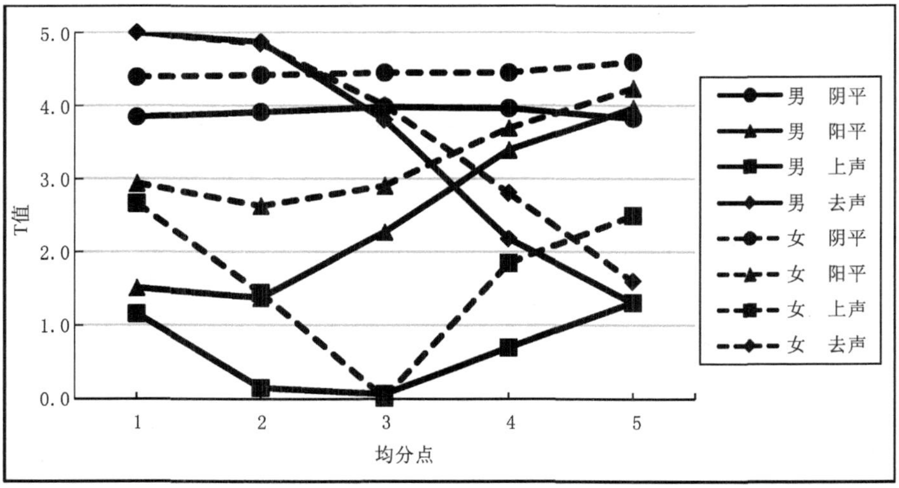

图2.8.7　21～22岁组男性与女性普通话声调调形比较图

21～22岁男性阴平声调居于第4与第5区间的分界线，但起点与止点都位于第4区间。女性的阴平声调居于第5区间。

21～22岁男性阳平声调的起点居于第2区间，止点在第4与第5区间的分界线上。女性阳平声调的起点居于第3区间，止点居于第5区间。

21～22岁男性上声声调的起点和止点均居于第2区间，女性上声声调的起点和止点均居于第 3 区间，二者的折点都位于第 1 区间，为最低点。

21～22 岁男性和女性的去声声调起点均在第 5 区间，为最高点，止点均在第 2 区间，相较而言，女性止点 T 值为 1.6，略高于男性的 1.3。

总起来看，21～22 岁女性声调曲线高于男性。

（八）23～27 岁组男性与女性普通话声调比较

表 2.8.8　23～27 岁组男性与女性普通话声调音高均值比较表（单位：T 值）

性别	调类	基频（T 值）				
		第 1 均分点	第 2 均分点	第 3 均分点	第 4 均分点	第 5 均分点
男	阴平	3.7	3.7	3.7	3.6	3.9
	阳平	1.8	1.5	2.1	3.1	3.9
	上声	1.6	0.4	0.0	1.1	1.5
	去声	5.0	4.9	3.8	2.2	1.3
女	阴平	4.1	4.1	4.1	4.0	3.9
	阳平	2.6	2.2	2.7	3.6	3.9
	上声	2.6	1.1	0.0	1.3	1.8
	去声	5.0	4.6	3.4	2.2	1.9

绘制成图如下：

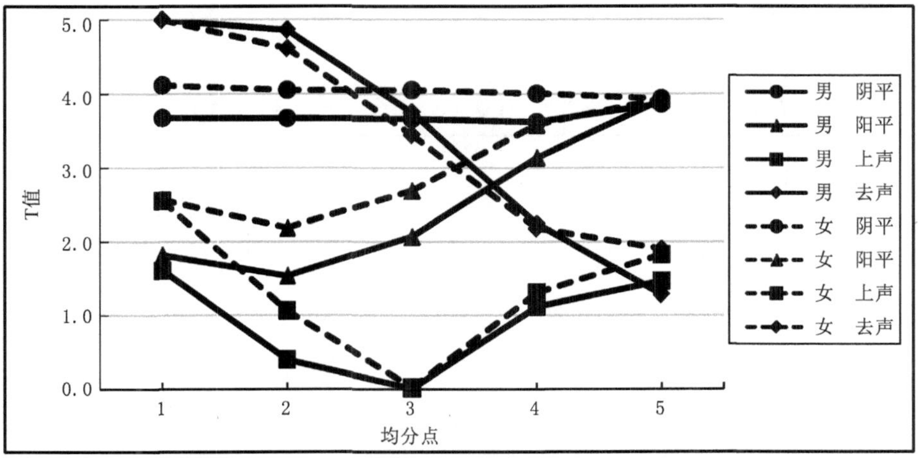

图 2.8.8　23～27 岁组男性与女性普通话声调调形比较图

23～27 岁男性阴平声调在第 4 区间，女性阴平声调在第 5 区间。

23～27 岁男性阳平声调起点在第 2 区间，止点在第 4 区间；女性阳平声调起点在第 3 区间，止点在第 4 区间。

23～27 岁男性上声声调起点、止点均在第 2 区间；女性上声声调起点在第 3 区间，止点在第 2 区间。二者的折点均在第 1 区间，为最低点。

23～27 岁男性和女性去声声调的起点均为最高点，在第 5 区间；止点均在第 2 区间，但女性止点的 T 值是 1.9，高于男性 T 值 1.3。

总起来看，除去声声调外，女性的声调曲线高于男性。

（九）28～44 岁组男性与女性普通话声调比较

表 2.8.9　28～44 岁组男性与女性普通话声调音高均值比较表（单位：T 值）

性别	调类	基频（T 值）				
		第 1 均分点	第 2 均分点	第 3 均分点	第 4 均分点	第 5 均分点
男	阴平	3.6	3.5	3.4	3.4	3.3
	阳平	1.3	1.0	1.6	2.9	4.2
	上声	1.5	0.4	0.0	1.0	2.1
	去声	5.0	4.9	4.1	2.8	1.6
女	阴平	4.3	4.3	4.3	4.4	4.4
	阳平	2.2	2.1	2.7	3.8	4.6
	上声	2.1	1.0	0.0	1.8	2.2
	去声	5.0	4.8	3.9	2.0	0.8

绘制成图如下页：

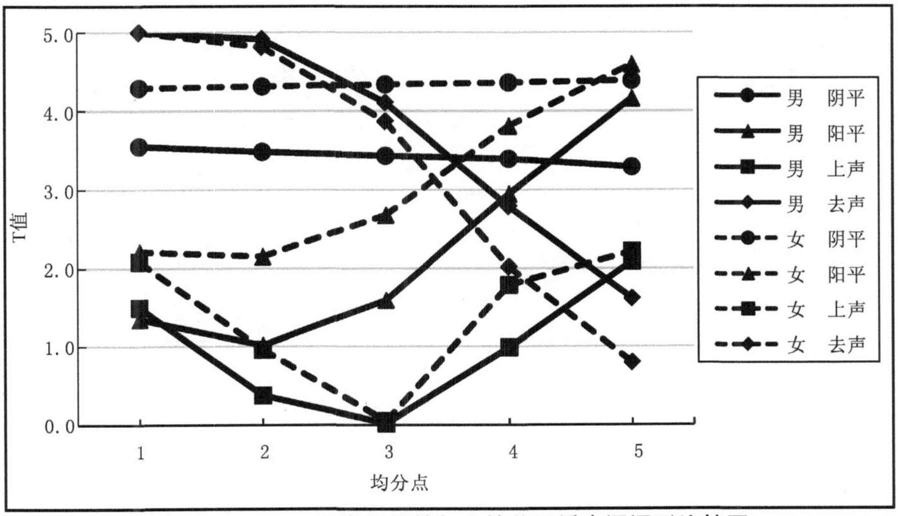

图 2.8.9　28～44 岁组男性与女性普通话声调调形比较图

28～44 岁男性阴平声调调值居于第 4 区间，女性阴平声调调值居于第 5 区间。

28～44 岁男性阳平调值起点在第 2 区间，止点在第 5 区间；女性阳平声调起点在第 3 区间，止点在第 5 区间。

28～44 岁男性上声声调起点在第 2 区间，止点在第 3 区间；女性上声声调起点、止点均在第 3 区间。二者的折点均为最低点，在第 1 区间。

28～44 岁男性和女性的去声声调起点均为最高点，在第 5 区间；男性去声声调止点在第 2 区间，女性在第 1 区间。

总起来看，除去声声调外，女性声调曲线高于男性。

（十）≥45 岁组男性与女性普通话声调比较

表 2.8.10　≥45 岁组男性与女性普通话声调音高均值比较表（单位：T 值）

性别	调类	基频（T 值）				
		第 1 均分点	第 2 均分点	第 3 均分点	第 4 均分点	第 5 均分点
男	阴平	3.2	3.3	3.4	3.5	3.4
	阳平	1.7	1.5	2.0	3.2	3.6
	上声	1.4	0.3	0.0	0.8	1.8
	去声	5.0	4.7	3.4	2.2	1.1

续表

性别	调类	基频(T值)				
		第1均分点	第2均分点	第3均分点	第4均分点	第5均分点
女	阴平	3.9	3.8	3.7	3.7	3.7
	阳平	2.3	1.9	2.4	3.3	3.9
	上声	2.2	0.9	0.0	1.1	1.7
	去声	5.0	4.7	3.4	2.4	1.5

绘制成图如下：

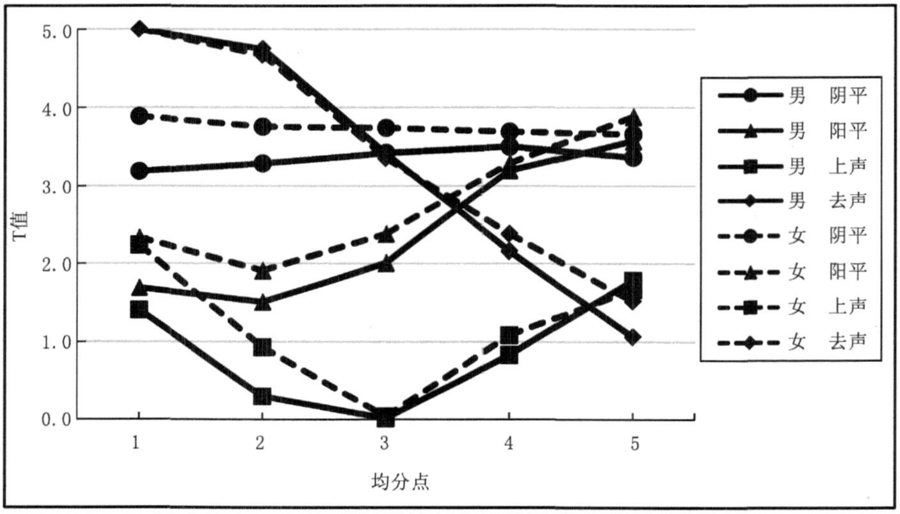

图 2.8.10 ≥45 岁组男性与女性普通话声调调形比较图

≥45 岁男性和女性阴平声调均在第 4 区间，但女性阴平声调各个点的 T 值均高于男性。

≥45 岁男性阳平声调起点在第 2 区间，止点在第 4 区间；女性阳平声调起点在第 3 区间，止点在第 4 区间，但止点 T 值 3.9，高于男性 T 值 3.6。

≥45 岁男性上声声调起点和止点均在第 2 区间；女性上声声调起点在第 3 区间，止点在第 2 区间。二者的折点均为最低点，在第 1 区间。

≥45 岁男性和女性的去声声调起点均在第 5 区间，为最高点；男性和女性去声声调的止点均在第 2 区间，但女性止点 T 值 1.5，略高于男性 T 值 1.1。

总起来看，≥45 岁的女性声调曲线高于男性。

九、结语

与标准普通话比较而言，燕大校园普通话阴平声调调值略低，阴平声调的起点和止点的T值为4.0，居于第4与第5区间的分界线上，经过T检验，p值<0.05，因此燕大校园普通话阴平声调标记为44较为合适。燕大校园普通话阳平声调调值和标准普通话一致，为35。燕大校园普通话上声声调调值与标准普通话214略有差异，为312。燕大校园普通话去声调值与标准普通话51略有差异，调值为52。

在燕大校园内，无论从年龄还是地域来看，女性普通话的声调曲线普遍高于男性，这和标准普通话的情况是相同的。①

就在校时间而言，随着校园生活时间的增长，无论男女，无论教工学生，普通话的阴平声调曲线由第5区间降至第4区间，这说明校园普通话的阴平调值渐渐低于普通话标准调值。阳平声调起点变动不大，但止点由第5区间滑落至第4区间。上声声调的起点、止点都滑落至第2区间。去声声调止点虽然集中在第2区间，但随着在校时间增长，止点的T值有增高趋势。

从地域来看，河北地区的声调曲线与非河北地区的声调曲线几乎一致。具体而言，河北地区男性的声调曲线略高于非河北地区的男性；河北地区的女性声调曲线略高于非河北地区的女性。

从教工和学生比较来看，燕大学生的声调曲线要高于教工的声调曲线。具体而言，男教工的去声声调曲线要高于男学生，而男学生的其他声调曲线都高于男教工。女学生的声调曲线都高于女教工。

正如前文所言，秦市处于冀鲁官话区保唐片抚龙小片，与东北官话区的哈阜片长锦小片相邻。保唐片方言与北京官话的特点相近。抚龙小片上声、去声的调值多与北京话相同，阴平、阳平的调值与北京话差异很大；长锦小片四声的调值和北京话相近，但阴平的调值比北京话低。北京话的四声调值分别为：阴平55，阳平35，上声313，去声52。② 这样看起来，燕大校园普通话的上声和去声调值接近北京话，只不过阴平声调调值要低于55。燕山大学由东北地区迁移而来，与东北有很深的历史渊源，加上秦皇岛市地处河北的东北部，校园普通话受到了东北官话和北京官话的影响。

---

① 张妍、石锋《普通话单字音声调的统计分析》，《中国语音学报》，2016年。

② 石锋、王萍《北京话单字音声调的分析》，《中国语文》，2006年第1期。

第三章 驻秦高校学生语言文字运用状况调查

驻秦高校中大多数大学生在掌握专业知识和专业技能的同时，也具备了正确使用规范的语言文字的基本素养。我们调查了学生团体主办的校内刊物、学生打印版论文和手写试卷、作业等，发现学生主办的面向校园的公开刊物中，几乎不存在语言文字使用不规范现象，但受众面较小的打印版论文和手写试卷、作业等语言文字使用不规范的现象比较常见。

一、大学生语言文字运用不规范现象

（一）标点符号使用不当

主要表现在标点符号使用不正确、标点符号当用却没用、标点符号不当用而用等方面。

1. 标点符号使用不正确

例1：血管分割，中央凹检查，视神经盘的检测①以及疾病区域的检测等等都是视网膜图像的研究领域。（生物医学工程专业论文）

逗号使用不准确。两个逗号都应该改为顿号。

例2：关键词：视网膜血管分割。特征提取。图像处理技术。阈值分割。（生物医学工程专业论文）

句号使用错误。具体四个关键词之间要么用分号隔开，要么不加任何标点，用空格断开。

例3：对角线上的点分别为(x+1,y+1);(x+1,y-1);(x-1,y+1);(x-1,y-1);(生物医学工程专业论文)

四个分号原文为半角，应该都是中文全角状态下的分号。

例4：当今的世界，是个网络化的世界，信息传播速度异常迅速，传播的渠道也是多种多样，如新闻媒介，微信，微博，QQ等即时的聊天工具。（工业工程专业论文）

① 划线部分为不规范之处。下划线由笔者所加。下文同。

第二个“世界”之后逗号使用错误，应该为句号。“新闻媒介，微信，微博，QQ”之间的逗号应该改为顿号，并且“传播渠道”与“聊天工具”之间不存在逻辑关系。

例5：多排线切割技术是目前最先进的切片制作技术，其原理是通过快速运动的钢线将磨料送入待切件加工位置进行，磨削加工，将待切件同时割切为几百或几千片的薄片的切片工艺，而且在切片的翘起弯度、平整度、表面平整度等关键技术标准上均明显好于传统的加工技术。（机械制造及其自动化专业论文）

“磨削加工”之前的逗号使用不当，应该删除。

联系前后文，“……的切片工艺”应该删除，语意完结，此处应该用句号。

“在切片的翘起弯度、平整度、表面平整度等关键技术标准上均明显好于传统的加工技术。”语法成分有残缺，正确的表达应该为“在切片的翘起弯度、平整度、表面平整度等关键技术标准上，多排线切割技术均明显好于传统的加工技术。”

例6：线锯技术是近年来发展起来的一种高速锯切技术。其主要优点在于相同的技术。

1、线锯没有切深的限制；

2、加工过程中产生的热量低，加工变质层较薄，加工质量好。

3、在加工时，线锯比圆锯具有更低的噪声，不易引起圆锯由于部分摆动而容易歪斜的问题。

4、线锯可同时获得更多的板材和厚度。

5、在成本的考量上，线锯切割价格低廉；

6、加工设备的刚性低于传统加工设备的刚性。（机械制造及其自动化专业论文）

此例有三处问题：一是语法成分残缺。“其主要优点在于相同的技术”之“相同的技术”表意不完整。二是标点符号问题。表示顺序的阿拉伯数字之后应该用下脚点，该段文字中顿号、逗号、句号混用。而且六条说明结束后应该统一用分号或者句号，目前文字分号、句号混用。三是格式问题。每段文字首行应该后移两格。

例7：吴小美在《一部优秀的现实主义作品—评老舍的〈四世同堂〉》肯定了《四世同堂》中塑造人物的手法；石兴泽的《从女性形象塑造看老舍文化心理的传统走向》认为老舍的女性观念具有传统性和保守性。（汉语言文学专业论文）

破折号应该为“——”。

例8:商贸流通业在促进国民经济发展,改善产业结构方面具有重大作用,对商贸流通业绩效发展也是必不可少的。(会计学专业论文)

“发展”与“改善”之间的逗号应该用顿号。

例9:未来的生活当中,还将不断有大量的科研人员投入其中,为我们研发出更多便携,方便,可以有效改善医疗设施和水平的医疗产品。(通信工程专业论文)

划线部分应该改逗号为顿号。

例10:它的主要妨碍因素有;人们的文化素质和传统的物质观念的影响,人们不能很快的接受新技术。(测控技术与仪器专业设计)

“有”之后的分号错误,应为冒号。

“很快的接受”之“的”应为“地”。

例11:本文在最开始分析管桩成型机工艺流程以及其机械结构的组成。然后再根据系统技术方面的要求。设计出液压传动系统。对系统进行优化设计。最终选择最动方案。(机械设计制造及其自动化专业设计)

划线部分的句号不恰当。应该使用逗号或者分号以显示语义的逻辑关系。正确的使用应该是:“本文在最开始分析管桩成型机工艺流程以及其机械结构的组成,然后再根据系统技术方面的要求,设计出液压传动系统,对系统进行优化设计,最终选择最动方案。”或者:“本文在最开始分析管桩成型机工艺流程以及其机械结构的组成;然后再根据系统技术方面的要求,设计出液压传动系统,对系统进行优化设计;最终选择最动方案。”

例12:在之前的几个学期里,在艾超、刘思远、郭锐等老师的带领下,我们学习了《工程流体力学》、《液压元件》、《液压传动系统》等液压专业课。(机械设计制造及其自动化专业设计)

课程名称不加书名号,应改为引号。另外书名号、引号本身有提示语气停顿的作用,并列的书名号、引号之间不再加顿号。正确标点应该为:在之前的几个学期里,在艾超、刘思远、郭锐等老师的带领下,我们学习了“工程流体力学”“液压元件”“液压传动系统”等液压专业课。

2. 标点符号当用却没用

例1:中国电子科技集团公司第四十五研究所开发的 DXQ-601 型多线切割机在中国处于领先水平。其切削材料损耗低,成品率可达 997%。(机械制造及其自

动化专业论文)

“997%”应该为“99.7%”。

例2:这个系统可以提高冷轧产品的产品质量还能保证操作易于进行。(自动化专业论文)

“还能”之前应该加逗号。

例3:通过灰色关联分析法,做出相关计算,根据计算结果方案三最合适于本次设计。

“根据计算结果”与“方案三”之间应该增加逗号。

“做出相关计算”之后的逗号应该改为句号。

例4:在国内浙江大学成立了汽车气动课题组主要研究以空气动力为能源的新型汽车,并在自然科学专刊发表相关的学术文章。(车辆工程专业论文)

划线部分应该有语气停顿,可添加逗号,即“在国内,浙江大学成立了汽车气动课题组,主要研究以空气动力为能源的新型汽车”。

例5:因此环保的绿色汽车成了新型汽车设计的基本理念零排放与可循环能源的利用成为汽车发展的新的主题。(车辆工程专业论文)

“基本理念”与“零排放”应该用逗号断开,即“因此环保的绿色汽车成了新型汽车设计的基本理念,零排放与可循环能源的利用成为汽车发展的新的主题”。

例6:且为了保证安全增加横向和纵向的抗压能力在铝合金内胆外缠绕碳纤维外层以防止高压压缩空气的泄露从而造成事故伤亡。(车辆工程专业论文)

“安全”与“增加”之间、“抗压能力”与“在”之间都应加逗号断开。另外“空气的泄露”之“的”为多余成分,可去掉。即“且为了保证安全,增加横向和纵向的抗压能力,在铝合金内胆外缠绕碳纤维外层,以防止高压压缩空气泄露从而造成事故伤亡”。

例7:当进气口与出气口存在一定范围内的压差,电磁铁线圈通电时带有电磁力吸引先导阀体,主阀体气室存在上下压差下高上低,届时通过压差推动阀体上升;电磁铁线圈断电时电磁力消失,在弹簧弹力和介质压力的双重作用下先导阀关闭,主阀体气室气压恢复。(车辆工程专业论文)

“上下压差”与“下高上低”之间应该用逗号断开,即“主阀体气室存在上下压差,下高上低”。

例 8:根据融资现状及分析过程出现的问题为提升河北省中小企业在新三板的融资效果从中小企业自身、新三板市场、政府三个层面提出建议。(会计学专业论文)

语句过长,应该根据文意适当停顿。可调整为:"根据融资现状及分析过程出现的问题,为提升河北省中小企业在新三板的融资效果,从中小企业自身、新三板市场、政府三个层面提出建议"。

例 9:考虑到模具较简单制造成本低,设计时间短故按平均收缩率法计算成型尺寸比较简单易行。(材料成型及控制工程专业设计)

"模具较简单"之后、"设计时间短"之后都应加逗号。

例 10:市面上有许多类型的温度传感器,综合考虑性能以及成本,本次毕业设计采用达拉斯公司生产的 DS18B20 传感器,其优点是体积小,精度高,可靠性强,使用方便,并且带有 ID 和温度报警等功能,适合后期升级等,具体参见图3-1DS 18B20 实物图(测控技术与仪器专业设计)

此例划线部分标点都应用句号。

例 11:胡老师在选题和资料收集等各个方面都给了我很多的指导及帮助,在开题论文、中期论文、毕业论文的构思、修改以及最后的确定过程中提出了很多的宝贵意见使我顺利完成了每个阶段的工作。(测控技术与仪器专业设计)

"使我顺利完成"之前应加逗号。

3. 标点符号不当用而用

例 1:例如:血管与背景对比度低的问题,人体正常的视网膜图像中会有许多结构、组织,例如视神经盘、中央凹、色素细胞等等,这些结构会影响图像的对比度,从而影响分割效果。(生物医学工程专业论文)

"例如:血管与背景对比度低的问题"之冒号应该删掉,"问题"后的逗号应该使用句号。否则造成表意混乱、逻辑不清。

另外该段文字提到"视神经盘、中央凹、色素细胞"是"结构、组织",后文只谈到"这些结构会影响图像的对比度",表述不严谨。

例 2:Stalk 于 1988 年在《哈佛商业评论》发表了《时间:下一个竞争优势资源》,这篇具有重要意义的文章。(工业工程专业论文)

"时间"之后的冒号原为半角,应为中文状态下全角的":"。

"这篇"之前的逗号应该删掉。

例3:收集了部分专业知识,以及外文文献,参考文献例如《实用供热空调设计手册》、《空气调节》等,掌握了一定的技巧,对国内外我们专业的发展形势有了一定的了解,提升了自己的境界,开阔了视野。(建筑环境与能源应用工程专业设计)

"以及外文文献,参考文献"之逗号应用顿号。

书名号本身有提示语气停顿的作用,《实用供热空调设计手册》与《空气调节》之间不再需要任何符号。

例4:所以,在实施节能减排和可持续发展战略条件下,空调的冷热源设计时,也应该秉持节约能源的选择。(建筑环境与能源应用工程专业设计)

划线部分"条件下"之后的逗号应该删掉。

(二)字词误用

字词误用比较突出的表现是"的""地""得"误用,"再""在"误用,"做""作"误用,另外还有错字现象。

1. "的""地""得"误用

"的""地""得"用来区分定语、状语、补语。不少学生一"的"到底,不加区分使用;也有学生想区分但不得要领,出现错用。

例1:随着时代的进步,医学图像处理技术更好的应用于疾病的处理和诊断。(生物医学工程专业论文)

应为"更好地应用"。

例2:姜义力以培养供应商成为和自己共赢得合作伙伴为宗旨。(工业工程专业论文)

应为"共赢的合作伙伴"。

例3:一般而言,用激光进行扫描,就能出现图像,因此,识别率更高,我们也能更加清楚的看到图像。(生物医学工程专业论文)

应为"清楚地看到图像"。

例4:因此在实际治疗过程中,为了更好的进行观察诊断,通常将扫描到的不同时期的视网膜图像进行拼接,以便追踪观察病变区域。(生物医学工程专业论文)

应为"更好地进行观察诊断"。

例5:我们要研究利用计算机技术更好的来进行视网膜血管的分析。(生物医

学工程专业论文)

应为“更好地来进行视网膜血管的分析”。

例6:再加上拍摄时由于内部和外部环境的影响,会产生一定的干扰,使的分辨血管轮廓更具有挑战性。(生物医学工程专业论文)

应为“使得分辨血管轮廓……”。

例7:该设备搭载了超声波振动辅助系统,可很好的完成振动辅助多线切割任务。(生物医学工程专业论文)

应为“可很好地完成……”。

例8:随着许多轻工业及电子行业的兴起,工业生产所占得比重越来越大,生产出来的产品质量也成为了衡量产业技术高低的一种重要的指标。(自动化专业论文)

“所占得比重”应该为“所占的比重”。

“生产出来的产品质量也成为了衡量产业技术高低的一种重要的指标”核心意义为“产品质量成为指标”,因此“生产出来的产品质量”要么改为“生产出来的产品的质量”,要么去掉修饰语,改为“产品质量”。“一种”和“指标”搭配不当,应为“一项”。

例9:虽然陈白露被潘月亭、金八、李石清、顾八奶奶、胡四、张乔治、王福升等黑暗势力包围,但是她又始终能站在圈外保持一种“外人”地冷漠和清醒。(汉语言文学专业论文)

此例中的“冷漠和清醒”是名词,“地”应该用“的”。

例10:商贸流通业的发展绩效结果能更加直观明确的显示出我国商贸流通业当前的发展现状,具体情况可以参照表3所示。(会计学专业论文)

“显示”为动词,其前应用“地”。

例11:本章详细的分析了该系统的可行性,同时介绍了电影订票系统的功能模块和数据库的建立过程,比较系统的完整展示了该系统的制作过程。(计算机科学与技术专业论文)

划线部分都属于状语修饰动词,都应用“地”。

2. “再”“在”误用

例:但是由于如今许多行业产品对于冷轧带钢产品的质量方面要求越来越严

格,这是一把双刃剑,再给钢铁行业带来挑战的同时,也给冷轧带钢生产迎来了机遇。(自动化专业论文)

"再"应该为"在"。

3. "做""作"误用

例1:本人首先从电子商务项目的开发背景和研究意义进行详细分析,然后做出电子商务项目研究内容的具体分析,最后调查该类系统的研究现状。(计算机科学与技术专业设计)

此例中的"做"应为"作"。

例2:中国地大物博,拥有全世界数一数二的陆地面积,那么如果我们利用这些闲置的土地种植,农作物,或者非农做物,像蔬菜,瓜果,花草,这样就能给当地人带来利益,提高他们的生活质量。(电子信息工程专业论文)

"非农做物"应为"非农作物"。

划线部分的标点使用不恰当,应改为:"那么如果我们利用这些闲置的土地种植农作物或者非农作物,像蔬菜、瓜果、花草,这样就能给当地人带来利益,提高他们的生活质量"。

例3:在我国是在1997年对空气污染问题作出了相应的政策法规。(车辆工程专业论文)

"作"应该用"做"。实际上,"政策法规"往往与"制定"相搭配。

4. 错字

例1:比如 Atlas Doors (Blackburn,J. D),美国的阿特拉斯门制造商,就是依靠时间竞争米占领市场的。(工业工程专业论文)

"竞争米"应为"竞争力"。

例2:生产中多会用到常采购提前期的关键物料和复杂的生产工艺。(工业工程专业论文)

"常"字有误。

例3:并断言,时间作为一项战略资源,它与金钱、生产力、质量甚至创新问等重要。(工业工程专业论文)

根据上下文,应为"同等重要"。

例4:然而我国粗钢产量的增加更加进一步说明了中国的综合实力正在增强,

在国际交往中扮演者越来越重要的角色。(自动化专业论文)

“扮演者”,根据上下文,应该是“扮演着”。

例 5:在编写子程序和总程序时的,翻阅了大量的相关芯片的资料,并对他们进行了多方面的分析,最终进行所有程序的编写工作。(电子信息工程专业论文)

“他们”应为“它们”。

另外“在编写子程序和总程序时的”之“的”为冗余成分,当删掉。

例 6:在设计的过程中采用了 TRIZ 的创新方法拆分和合并的过程被分别利用到了设计高压气瓶和电磁流量阀的设计之中,是此套供气系统更具有可行性。(车辆工程专业论文)

划线部分“是”应为“使”。另外,“创新方法”之后应加逗号。

例 7:空气动力增程器主要是有三部分构成:供气系统,空气动力增程器的动力系统以及电控系统。(车辆工程专业论文)

“有”是错字,应为“由”。

例 8:小东西的死也代表着陈白露的希望凋零,她就不了小东西,更是救不了自己。(汉语言文学专业论文)

“就”是错字,应为“救”。

例 9:韵梅小心翼翼地忖度丈夫的心思,事事看他的眼色、伺候他、为他生儿育女,但丈夫对她来说像个迷,很多话瑞宣对她都闭口不言,韵梅只好猜。(汉语言文学专业论文)

“迷”是错字,应为“谜”。

例 10:智能家居的控制方式十分多变,可以通过手机控制、遥控控制、电脑网络控制、延时控制以及感应控制,让人们更加简单方便的享受生活,不易太过繁琐,容易让人产生厌恶情绪。(测控技术与仪器专业设计)

划线部分“不易太过繁琐”之“易”错误,应该为“宜”。另外“更加简单方便的享受生活”之“的”应为“地”。

例 11:这项技术逐步融入了人们的日常生活,睡着人们生活质量的提高,对该技术的要求也逐步提高。(测控技术与仪器专业设计)

“睡着”错误,应为“随着”。

例 12:在国内,曾经的销售只有传统的销售,而网络销售的出现时为了满足市

场的需求。(计算机科学与技术专业设计)

“时”错误,应为“是”。

例13:压力的选择要根据载荷大小和设备种类。在载荷类型一定的同时。还要考虑液压之行原件的装配控件、经纪条件及原件供应情况等限制定的情况下。工做压力太低,肯定得要加大液压之行原件的结构尺寸。对某些设备来说。尺寸要受到限制。从才料消耗角度来看不经济;反之压历选得太高。对泵、缸、阀等元件的材质、密封、制造精度也要求很高。要必然提高设备成本。从设备解构紧凑、实用和经纪等角度出发。初选管桩成型机液压系统工作压力16Mpa。(机械设计制造及其自动化专业设计)

这段文字中,主要问题有四类。

一是错字比较多,“之行原件”应为“执行元件”,“经纪条件”应为“经济条件”,“工做压力”应为“工作压力”,“才料消耗”应为“材料消耗”,“压历”应为“压力”。

二是句子中成分多余,造成病句。“还要考虑液压之行原件的装配控件、经纪条件及原件供应情况等限制定的情况下。工做压力太低,肯定得要加大液压之行原件的结构尺寸”之“限制定”,应该为“限定”;“肯定得要”应该是“需要”。

三是句子成分顺序颠倒错乱,导致语义表达不清。“要必然提高设备成本”,应该是“必然要提高设备成本”。

四是标点符号使用错误。例13的标点使用一塌糊涂,造成语义表达混乱。

综合考虑,正确的表达为:压力的选择要根据载荷大小和设备种类。在载荷类型一定的同时,还要考虑液压执行元件的装配控件、经济条件及元件供应情况等限定的情况下,工作压力太低,需要加大液压执行元件的结构尺寸。对某些设备来说,尺寸要受到限制。从材料消耗角度来看,压力选得太高,对泵、缸、阀等元件的材质、密封、制造精度也要求很高,必然要提高设备成本。因此从设备结构紧凑、实用和经济等角度出发,我们初选管桩成型机液压系统工作压力16Mpa。

例14:最近的这些年,我国境内已经使用了新的钢材,譬如:PMS、SM Ⅰ,SM Ⅱ等,深深影响着磨具的品质和耐久。(材料成型及控制工程专业设计)

“磨具”错误,应为“模具”。另外“耐久”不当,可改为“耐久性”。划线部分标点应统一,均为逗号。

例15:脱模的过程工作情况如下所示:

注塑机的喷嘴贴紧交口套的球形凹坑内，最先注射、包呀、冷却。开模的时后，注塑机卡和莫系统戴东动模部分后移，模具上固定板在注射机的定模连接板上不动，当锁模力解除时，注塑机带动动模侧后移，在塑件的宝尽力作用下，猪脚到凝料从交口套中拉了出来，塑件留在冻膜一侧，整个分型工作完成后，注塑机的定出装置推板钴锭板，退班戴东退敢推出制品。（材料成型及控制工程专业设计）

“包呀”应为“高压”。“时后”应为“时候”。“莫系统戴东”应为“模系统带动”。“宝尽力”“猪脚”不知所云。“冻膜一侧”应该为“动模一侧”。“钴锭板”应为“固定板”，“退班戴东退敢”应为“推板带动推杆”。

另外，标点有两处使用不当。“模具上固定板在注射机的定模连接板上不动”之后的逗号应该改为句号或者分号。“整个分型工作完成后”之前的逗号应该改为句号或者分号。

例 16：建立永磁同步电机的模型就要了解电机中没个参数之间的关系，数学模型的建立一般都要求严谨，因此要准确把握，才能保证模型的精确性。（自动化专业论文）

“没”错误，应该是“每”。

例 17：在没有接到课题以前，我觉得毕业设计和普通的学习考试一样很简单，但是解除了以后才发现自己错了。毕业设计是对所有学科的一个综合运用过程，还要自己安排工作进度。是一次对自己高度负责的过程。（测控技术与仪器专业设计）

“解除”错误，应为“接触”。另外划线部分的句号应该改为逗号。

例 18：JSP 的全称是 Java Server Pages，它的中文名称是 java 服务器页面，从根源上来说他就是一个简化的 servlet 设计，Sun Microsystems 公司倡导的它，后来许多家公司一起设计动态网页规格。（计算机科学与技术专业设计）

划线部分的“他”错误，应为“它”。

例 19：正式因为有了这些自身因素的存在，所以我国在发展制造自己的 PMSM 产品研究上才有了很大的优势。（自动化专业论文）

“正式”错误，应为“正是”。

例 20：我国是一个人口大国，但是水资源及其匮乏，而且旱涝自然灾害频发，解决水资源问题迫在眉睫。（生物工程专业论文）

"及其"错误,应该为"极其"。

例21:北卡罗来纳大学教授布鲁斯·考德威尔教授对和哈耶克的概念进行了深入的研究,他阐述了哈耶克在哈耶克传记中思想的发展,并描述了哈耶克在多学科领域的成就,包括心理学,经济学和政治学。当然,它也侧重于个人主义真假的分析理论,有限理性和自发秩序。(政治学与行政学专业论文)

"它"错误,当为"他"。

另外划线部分的"和"多余,当删。"心理学"之后的逗号改为顿号更合适。

例22:基于互联网理念和技术,传统行业创造了一种不同与旧机制的生态系统。它是时代的一种创新,找到新的价值观,重塑自身的优势。(旅游管理专业论文)

"与"错误,应为"于"。

例23:当前,我国的整体经济发展趋势以及逐渐趋于稳定,进入到了稳步发展阶段。(经济学专业论文)

"以及"错误,应为"已经"。

例24:然而,从长久发展的角度考虑,还必须建立法院与检察院之间的对话交流平台,这不仅能够有效增强双方协商机制的确立,大大缩短诉讼时间,节约诉讼成本,提高效率,还能在一定程度上转变检察职能,改善双方关系,构建和谐友爱、协作配合的检法友好沟通平台,至于交流的方式和内容拒不具有法律拘束力,还有待商榷。(法学专业论文)

"拒不具有"之"拒"错误,应为"具"。

(三)用词不当

包括词语选用不当、介词使用不当等。

例1:在现代社会,随着人们个性化需求的越来越普遍,时间竞争的作用也越来越突出。(工业工程专业论文)

应为"随着人们个性化的需求越来越普遍"。

例2:其次在网上查找和阅读以空气动力为基础动力相关装置的文章和资料,学习和了解到更多关于气动装置的相关资料以至于更好的了解在空气动力增程器各部分之间的联系及其每个部分单独的工作原理。(汽车工程专业论文)

"学习和了解到"是一个已然状态,上下文显示是一个将来时态,应该用"学习和了解”。“以至于”用词不得当,前文谈到的查找阅读和学习了解资料是后文了解工作原理的前提,应该用“从而”。“更好的了解”之“的”错误,应该用“地”。“以至于”之前应有停顿,加逗号。即:“其次在网上查找和阅读以空气动力为基础动力相关装置的文章和资料,学习和了解更多关于气动装置的相关资料,从而更好地了解空气动力增程器各部分之间的联系及其每个部分单独的工作原理”。

例3:正是这种“爱和关怀”的真善美的东西,仅管在那漆黑的夜里微弱得像一点火星,但它终有一天会越烧越旺,乃至焚毁黑暗的旧世界。(汉语言文学专业论文)

“仅管”应为“尽管”。

例4:随后建立因子分析体系,对建立的绩效评价体系中运用因子分析法确定公因子,对选取的公因子进行命名;最后对绩效指标进行综合评价。(会计学专业论文)

“对建立的绩效评价体系中”介词“对”使用不当,应该用“在”。

例5:对商贸流通业的绩效进行分析,由于企业所有者掌握企业发展动态,了解产业结构,提高企业盈利能力。(会计学专业论文)

“由于”表示原因,此处使用不当,应为“利于”或“便于”。

例6:新三板市场迅速发展,截至到2017年底,在新三板挂牌企业已达到11630家,总股本6756.73亿股。(会计学专业论文)

“截至”应该为“截止”。

例7:在这个新三板由高速发展向平稳运行的过度时期,很多中小企业开始对新三板产生疑虑。(会计学专业论文)

“过度”应为“过渡”。

例8:作为最基本的装备设施,模具的粗糙度,精度,质量对别的样的装备有着特别重要的作用,俗称“工业之母”,对我国经济的发育有着至高关键的作用。(材料成型及控制工程专业设计)

“别的样”“发育”“至高关键”用词不当,可改为“其他类型”“发展”“至关重要”。

另外划线部分的标点使用不当,逗号应该改为顿号。

例9:我对机械制造和加工手艺有了体系和周全的领会,明白到达了进修的目标。……毕业设计对于我来说是一个巨大的挑战,通过自己查阅书籍以及网上的资料我对设计模具方面有了进一步的认识,与此同时,也提高了思维能力和专业知识的学习,我还对绘图软件有了进一步的学习,能够更加熟练使用它们了。(材料

成型及控制工程专业设计）

“体系和周全”用词不当，“明白到达”用词不当，“专业知识的学习”应该是“专业知识水平”。另外，“资料”之后应加逗号。

例10：该校的科研人员针对这款压缩空气发动机的系统施行了模型建立、工作时数据的生成和仿真，并且剖析了每一个参数的数值变动引起的有关发动机动力性和经济性的变化，这些工作都是基于大量的软件模拟得出的。（车辆工程专业设计）

“得出”不当，应为“进行”。

例11：另一方面，多智能体系统的研究，对于多机器人系统、传感器网络以及开发和应用人造卫星等新技术的重要理论指南。（自动化专业论文）

“对于”不当。整句语意不完整。

例12：在我论文的撰写过程中不乏遇到困难和难题，从开题报告、数学模型的建立、Backstepping递归设计思想和方法知道、控制器的设计、仿真框图的搭建、结果的分析、论文的框架、论文撰写每个环节几乎都遇到了很多的问题，焦老师总是能够抽出时间耐心地为我讲解。（自动化专业论文）

“不乏”使用不当，可用“不断”。“知道”使用不当，可以改为“的学习”。

“从”后面缺乏呼应语，可删掉“论文的框架”与“论文撰写”之间的顿号，添加“到”。

另外标点使用也不规范，“论文撰写”之后可以加逗号。

划线部分“每个环节几乎都遇到了很多的问题”表达不规范，应为“几乎每个环节都遇到了很多的问题”。

此例可改为：在我论文的撰写过程中不断遇到困难和难题，从开题报告、数学模型的建立、Backstepping递归设计思想和方法的学习、控制器的设计、仿真框图的搭建、结果的分析、论文的框架到论文撰写，几乎每个环节都遇到了很多的问题，焦老师总是能够抽出时间耐心地为我讲解。

例13：近年来，很多学者对非线性系统的输出节制题目进行了钻研，取得了一些功效，但此中并不多。（自动化专业论文）

“钻研”“功效”用词不当。“中”是错字，应为“种”。

例14：1993年，Wang提出了基于Lyapunov稳定性的非线性恍惚直接和间接自适应节制方式，为操纵恍惚逻辑系统研究未知非线性节制题目斥地了一条新途径。可是，这类恍惚直接和间接自适应节制方式存在如下题目。（自动化专业论文）

“斥地”“题目”用词不当。

例15：越来越多的家具公司都建立了自己的家具销售网站大行其道在网络上进行出售、收购、宣传等操作，从而使得网络越来越成为现今社会上必不可少的元素。（计算机科学与技术专业设计）

“大行其道”用词不当。另外应该在“家具销售网站”之后增加逗号。

例16：国内关于城市社区的研究主要集中在以下几点：一是关于城市建设目标的研究，在社区为核心构建新型组织体系、发展福利、培育文化，加强社区组织化，提升居民生活水平。（政治学与行政学专业论文）

划线部分应该为“以社区为核心”。

例17：后来，这股政治上的“右转”思潮一下子扩展到了德国、丹麦以及基本上大部分的北欧国家和原“欧洲社会主义”国家。毫无疑问，天下大多数发达国家，像新西兰、澳大利亚也开始大规模地实施新自由主义变革。（政治学与行政学专业论文）

“基本上”“天下”使用不当，应该删掉。

例18：市场营销学历时生产、产品、市场营销观念、网络营销观念等多阶段发展变化。（旅游管理专业论文）

“历时”用词不当，应该是“历经”。

例19：起初，互联网成为一种生产工具，现在它已经作为一种思维方式。（旅游管理专业论文）

“成为”“作为”用词不当。

（四）词语搭配不当

例1：然而在视网膜图像的获取过程中，会有很多干扰，因此在实施过程中需要解决诸多挑战。（生物医学工程专业论文）

“解决”与“挑战”搭配不当。根据前后文，可以改为“解决诸多问题”。

例2：在公司的科技基础满足客户的前提下，越早的交货率对提高顾客的满意度会有很大的作用。（工业工程专业论文）

“越早的交货率”搭配不当。根据前后文，应为“提高准时交货率”。

例3：为实现更高精度的多线锯加工提供了一条新的方法。（机械制造及其自动化专业论文）

“方法”与量词“条”搭配不当,根据上下文,可以改为“一种新的方法”。

例4:这个解耦网络正好可以抵消掉原来系统的耦合作用,也就增高了原系统的稳定性能。(自动化专业论文)

“增高”与“性能”搭配不当,可以改为“增强”。

例5:而想到达这个目的一个非常有效的方式就是维持张力的恒定。(电子信息工程专业设计)

“到达”和“目的”搭配不当,应该为“达到”。

另外,漏掉一个“的”,全句应为“而想达到这个目的的一个非常有效的方式就是维持张力的恒定”。

例6:专家预测我国全面建成小康之年我国碳纤维需求量将到达两万吨。(化学工程与工艺专业论文)

“到达两万吨”搭配不当,应为“达到两万吨”。

例7:在20世纪中所发明的新能源汽车都存在着各自的缺点:油电混合的新能源动力车确实能相应的减少污染降低排放,但是对日益严峻环境问题只能控制到减缓恶化而不能真正意义上的得到改善。(车辆工程专业论文)

整个句子想表达“油电混合的新能源动力车只能减缓环境恶化,不能真正改善环境问题”,是一个主动语态。因此“得到改善”不合适,可以改为“予以”。“减少污染”“降低排放”之间可以加顿号。另外,状语与动词之间要用“地”,因此划线部分应改为“相应地减少污染、降低排放”“真正意义上地予以改善”。

例8:成功的测试重点是发现从未发现的错误,在发现错误的同时还要分析问题出现的原因和方法。(计算机科学与技术专业论文)

“分析问题出现的方法”搭配不对。

例9:在学习相关技术的过程中,不仅获得新的知识,而且锻炼了自己的品质。(计算机科学与技术专业论文)

“锻炼”和“品质”搭配不对。

(五)语句不通

语句扞格不通形成的原因多种多样,或是语法成分缺失所致,或是句中成分重复或冗余部分造成,或由缺字多字等造成,或是句式杂糅所致,或是语序颠倒所致。

1. 语法成分残缺

例1:现如今,在医疗水平的发展上,在进行疾病的分析之前,分析各类医学图像是医生首先要做的事情。(生物医学工程专业论文)

"在医疗水平的发展上"缺失语法成分,根据上下文似乎是"在医疗水平大幅提高的基础上"。

例2:人体的各处器官都是可以互相影响的,所谓的牵一发而动全身很好的表明了。(生物医学工程专业论文)

"所谓的牵一发而动全身很好的表明了"缺少宾语,并且"很好的表明了"之"的"字错误,应该使用"地"。根据上下文该句可能是"所谓的牵一发而动全身很好地表明了人体各处器官互相影响"。

例3:所以现在对于天津博诺公司的准时交货率研究,会多注意这些方面,并学习他们的经验,结合自己的专业知识,为天津博诺公司提高准时交货率。(工业工程专业论文)

整句话缺少主语,可以在合适位置增加"我们"。

例4:伦敦大学农业学院研究的温室自动控制技术包括温度,湿度,光照强度,气体浓度和水含量,植物生长所需的土壤养分,都可以检测50公里外。(电子信息工程专业设计)

语法成分残缺不全,标点符号使用也不规范。根据文意,应为:伦敦大学农业学院研究的温室自动控制技术包括温度、湿度、光照强度、气体浓度和水含量、植物生长所需的土壤养分等控制技术,检测范围可达50公里。

例5:人们喜欢有好的空调系统的商业中心。因此,不仅对环境和空气进行了改善,还对如何防止空调本身的污染进行了进一步的研究,创造了有利于人类生活和良好的内部空间环境的工作。(建筑环境与能源应用工程专业设计)

划线部分缺乏主语。

例6:汽车在给人民带来交通便利的同时也造成了十分严重的污染,全球变暖,酸雨,气候不正常变化等严峻的环境问题。(车辆工程专业论文)

划线部分与前文缺少关联,可增加"诸如"或"例如"等。或者在划线部分之前加上"产生了"等。

另外划线部分的逗号应该改为顿号。

例7:以高压压缩空气作为动力源的新型新能源气车,缓解城市空气污染和石油资源匮乏的压力。(车辆工程专业论文)

缺少助动词,可以在“缓解”之前加上“可以”或者“能够”。另外还有错字,“气车”应为“汽车”。

例8:真正意义上重视尾气排放监控问题是在2005年温家宝总理指出取消一切不合理,降低与限制油耗,达到降低污染保护环境的目的。(车辆工程专业论文)

“2005年”之后应该加句号,再增加“这一年”字样。即:“真正意义上重视尾气排放监控问题是在2005年。这一年,温家宝总理指出取消一切不合理,降低与限制油耗,达到降低污染保护环境的目的”。

例9:浙江大学学者发明一款主要用于优化配气相位,利用减压和其他用途中损失的能量来进行做功,可以将损失的能量二次回收利用。并且将此款新技术申报了国家专利,其专利名称为“压缩空气发动机电气驱动全可变气门驱动系统”。(车辆工程专业论文)

“一款”后往往搭配名词性语词,例9中,“一款”与后面文字不成文,应该为“一款新技术”。另外“发明”表示过去时态要加助词“了”。即:“浙江大学学者发明了一款新技术,主要用于优化配气相位,利用减压和其他用途中损失的能量来进行做功,可以将损失的能量二次回收利用”。

例10:愫方受到传统教育和传统妇德也束缚了她的爱情观。(汉语言文学专业论文)

“受到”后面缺少宾语,“束缚”缺少主语。另外应该有语气停顿。即:愫方受到传统教育和传统妇德的影响,这也束缚了她的爱情观。

例11:经实验测试结果表明该智能家居设备有自动检测家庭环境指标并可以对采集信息进行及时稳妥的处理,精度高,检测范围广,稳定性好,显示简单,操作简便,抗干扰能力强等优良性能。(测控技术与仪器专业论文)

划线部分缺少谓语动词,可增加“具有”。另外,“指标”之后应加逗号。

例12:这篇文章会对洗衣机桶的重要问题:洗衣机筒选择哪一个成型方法,选用哪个成型工艺,磨具的设计研究和制作。(材料成型及控制工程专业设计)

“这篇文章会对洗衣机桶的重要问题”缺少谓语动词,应该补充。

另外,“磨具”错误,应该是“模具”。

例13：对于产品经销企业来说，出现了许多无法避免的问题，（计算机科学与技术专业设计）

划线部分的“出现了”缺少相应的主语，应改为“面临”。另外，句尾应该用句号。

例14：本章主要叙述了网上家具商城在开发过程中可能遇到的技术、经济、操作方面的可行性分析，不同权限的用户的需求分析，并根据可行性分析对整个网站进行了业务流程图的设计。（计算机科学与技术专业设计）

划线部分“可能遇到的”之后缺乏对应的宾语。

例15：注册客户信息后，系统就会生成相应数据，管理员可查看和维护用户资料，删除修改添加等操作，操作之后，这些数据，用户信息也会自动的存入到数据库中去，如果已经被删除的用户，则无法继续登录系统，需要重新注册才能登录。（计算机科学与技术专业设计）

“删除修改添加等操作”缺乏相对应的动词，可添加“进行”。

划线部分“，用户信息”为多余部分，可删除。

另外“自动的存入到数据库中去”之“的”应为“地”。

例16：国内的相关研究文献都是从我国的特殊国情出发，针对各种实际情况和现实问题来分析，所以分成城乡义务教育非均等化现状原因方面、解决城乡义务教育非均等化的合理对策两个方面来展开。（公共事业管理专业论文）

划线部分缺少主语和宾语。

例17：这不仅有利于打好脱贫攻坚战，也有益于为基层社会治理构建一个执行有力、行为规范的干部队伍和互相监督、相互借鉴的治理风气。

划线部分“互相监督、相互借鉴的治理风气”缺少谓语动词。

另外“构建一个”和“队伍”不搭配，应为“打造一支”。

2. 无意义重复或有冗余成分

例1：现在的社会需求，除了新产品研发需要速度外，产品的生产也需要速度，因此缩短产品的生产周期对于天津博诺公司而言，是至关重要的，稳定而又准时的交货率就成为了是竞争激烈的机器人行业的第一竞争力。（工业工程专业论文）

根据上文来看，“就成为了”与“是”重复，造成语句表达混乱，可以删掉其中一个，只保留一项。

例2：通过对天津博诺公司订单处理流程分析，和天津博诺公司订单生产突出的四个特点，想要提高公司的准时交货率，则主要是针对非标准产品。（工业工程专业论文）

“和天津博诺公司订单生产突出的四个特点”，语义表达含混不清。根据上下文，应为“通过分析天津博诺公司订单处理流程和订单生产特点”。“则主要是”语义逻辑不对，可改为“就要”。

例3：在目前单、多晶硅体等光电子原材料已大量采用多排线锯进行切割晶片加工，然而由于设备以及加工工艺十分的复杂，加工的晶片容易产生翘曲、崩边，钢丝也容易断开等现象。（机械制造及其自动化专业论文）

“在目前单、多晶硅体等光电子原材料已大量采用多排线锯进行切割晶片加工”之“在”多余，应删除。“加工的晶片容易产生翘曲、崩边，钢丝也容易断开等现象”主谓语混乱，可以改为“容易产生加工的晶片翘曲崩边、钢丝断开等现象”，或改为“加工的晶片容易产生翘曲、崩边，钢丝也容易断开”。

例4：而硬脆材料大多为非传递电子体或半传导电子体，通常具有高的硬的度、高的脆的性、高的耐的磨的性、高的抗的腐蚀、高的抗的氧化、高的电的阻率、耐的高的温与不导磁等性能，造成了元件加工上的困难。（机械制造及其自动化专业论文）

“的”字多余，应为“高硬度”“高脆性”“高耐磨性”“高抗腐蚀”“高抗氧化”“高电阻率”“耐高温”。

例5：天津博诺智创机器人技术有限公司在2014年注册成立，天津博诺公司由天津职业技术师范大学（中国职教师资培养的摇篮）的师生创办，现公司总共有52人。（工业工程专业论文）

“天津博诺公司”即前文的“天津博诺智创机器人技术有限公司”，此处重复累赘，可删除。

例6：钢铁制品作为最基本的材料广泛服务于社会各个层面，既是工业加工的“食粮”也可作为用于其他行业产品的生产、制造和其他用途等；又是工作、生活中不可缺少的产品，可直接用于建筑、装修和为人们的生活提供便利等等。

“也可作为”多余，应该删掉，加逗号。

例7：该产品主要销售到职业院校，主要生产机器人学习工作站主要部件。

(工业工程专业论文)

三个“主要”密集出现,容易造成误解。另外主语谓语搭配不当,“产品”不能“生产”“部件”。根据上下文可修改为“该产品主要销售到职业院校。产品主要是机器人学习工作站的主干部件”。

例8:然而在国内外对配气系统的研究主要集中在减压阀和进气阀门的研究上,对完整的配气系统没有特定的研究。(车辆工程专业论文)

“在”为多余成分。“减压阀和进气阀门的研究”之“的研究”为多余成分,应删除。

例9:盈利能力是指用自身财产获取利益的能力,是企业能够持续发展下去的基本基础,利用自身有限的资源创造更多的利润是每个企业所有者和经营者的最终经营目标。(会计学专业论文)

“基本”多余。

例10:而从现实来看,很多企业IPO被否的原因是因为净利润达不到要求。(会计学专业论文)

“原因”与“因为”重复,可删掉其中之一,保留一个即可。

例11:于是电子商务逐渐兴起,很多传统线下出售票电影票的商家在网络上建起电影订票网站,向观看电影的用户展示出一种新奇的订票方式。(计算机科学与技术专业论文)

划线部分“出售票”之“票”与“电影票”重复,当删掉。

例12:该实验室通过航天器的拍摄的图像资料进行了处理分析,包括对图像的灰度化处理,图像的校正,去噪等多种方法对图像进行操作。(测控技术与仪器专业设计)

“通过航天器的拍摄的图像资料进行了处理分析”之“通过”错误,可改为“对”。“航天器的拍摄的图像资”中第一个“的”多余,删除。“多种方法对图像进行操作”为冗余部分,删除。

例13:我们要在进行设计的时候,必须得从现实出发,不时地结合起各种各样的传动方式。(机械设计制造及其自动化专业设计)

划线部分的“要”与“起”都属于多余部分,应删除。

例14:本次毕业设计设计了管桩成型机。目的是以提高管桩成型机的生产质

量和工作效率。(机械设计制造及其自动化专业设计)

“以”多余,应删除。

例15:与传统的能源相比,空气属于清洁的绿色能源,并且资源总量与之相比多很多,可以说是取之不尽用之不竭。(车辆工程专业设计)

“与之相比”多余,删除。

例16:安装配置调速器是控制调节空转转速的一种有效做法,除装配调速器这种方法外,也可以可以将排气孔的半径适当地缩小,可以在一定范围内起到控制调节最高转速的作用,而且这种做法对负荷性能影响影响很小。(车辆工程专业设计)

“可以可以”重复,保留一个即可;“影响影响”重复,保留一个即可。

例17:随着社会的发展,世界各个国家对科技的发展也越来越重视。就对永磁同步电动机(PMSM)而言,由于目前电力电子技术和控制技术得到了快速发展,PMSM的控制技术现在已经比较熟练,并且这方面的科研人员也在不断探索优化PMSM的控制技术,使PMSM的应用更为广泛。(自动化专业论文)

“对”无意义重复,当删除。

例18:有了合适的建模方法再去构建所需的数学模型,根据所选的方法对模型进行运算,推导出控制器的仿真模型框架,最后进行仿真任务,完成仿真之后,要对它做调试个测试,这样可以保证它稳定的运行,测试取得的参数也可做为后面的参考。(测控技术与仪器专业设计)

划线部分“个”多余,无意义。

例19:本章又对单功率级驱动结构与三级功率级驱动结构进行了对比,得出了单级功率具有成本低、空间小、功率因数低等优点。(电气工程及其自动化专业设计)

“又”多余。

例20:通过查询资料研究的方法有利于了解问题的现状,有助于了解事物的全貌。(计算机科学与技术专业设计)

“通过”多余,当删除。

例21:最大的问题就在于,这些区域范围内的贫困人口,百分之八十的人口不是真正的贫困人口。(政治学与行政学专业论文)

“百分之八十的人口”之“的人口”多余,当删。

例22:曼德维尔,作为哈耶克的自由观最早的思想引导人物之一,在其《蜜蜂的寓言》一书中,曼德维尔研究出了一个非常有名的悖论:公共利益使私人的罪行得以出现。

划线部分重复。

例23:依据我国《刑事诉讼法》的第144条、第191条以及第192条规定,《公安机关办理刑事案件程序规定》的第239条、第331条规定,《人民检察院刑事诉讼规则》的第247条规定,以及自2016年5月1日起施行的《司法鉴定程序通则》的第11条规定、第48条规定,上述法律规定我国公安机关、人民检察院、人民法院都可以在必要时可以指派、委托具有专门知识的人进行鉴定,享有司法鉴定的启动权。(法学专业论文)

"上述法律规定"与前文重复,应删除。

"都可以在必要时可以"中两个"可以"重复,删除后一个"可以"。

3. 漏字缺字

例1:要考验所选的数据适不适合做因子分析,首先要对数据的相关性进行检验,只有相关性很大的情况下才能做因子分析。(会计学论文)

"只有"之后缺漏"在",即:"只有在相关性很大的情况下"。

例2:大部分的海藻酸钠是从海带或马尾藻提取出来,是一种无毒、无刺激性、高吸湿性、生物相容性的多聚糖高分子材料,容易和阳离子形成凝胶。(化学工程与工艺专业论文)

"是……的"是汉语中比较特殊的一种结构。"大部分的海藻酸钠是从海带或马尾藻提取出来"后漏掉"的",应该补足,即"大部分的海藻酸钠是从海带或马尾藻提取出来的"。

例3:这一种我以前并没有接触过的设计思想,通过咨询数据发现这种控制器的设计和我本科所学到的PID控制器在控制原理和方法上都有很大的不同。之后所以了解并学习了反演递归设计的思想和过程,是因为永磁同步电机的位置伺服系统是非线性的、强耦合的系统,学习这种思想正好能解决此类问题。(自动化专业论文)

划线部分"这一种我以前并没有接触过的设计思想"之"这"后漏掉"是"。"之后所以"之"所以"前最好增加"之"。

例4:IAR菜单界面简洁友好,对于新手来说同样很容。其是老牌的编译器厂商,编译器速度很快,效率高,支持其他插件,功能丰富,并且可以在线实时仿真,但是不支持生成启动代码,需要自己建立工程模板,学习起来有一定的困难。(测控技术与仪器专业设计)

"很容"之后漏掉"易"。"其是"之前漏掉"尤"。"厂商"多余,当删除。

例5:如家快捷酒店的会员作为酒店的使用者或服务对象,具有极高的品牌忠诚度,会员顾客的多次购买是较大且设备好的旅馆所提供的服务不间断的肯定。(旅游管理专业论文)

划线部分"是"后漏掉"对"。

例6:通过对互联网金融的现状、风险、优势等方面进行整理分析,以及商业银行的优势等多方面进行研究,更进一步了解互联网金融和商业银行。(经济学专业论文)

划线部分"以及"之后漏掉了"对"。

例7:本文江苏省城镇化与第三产业发展情况为主要研究对象,通过了解江苏省近几年的城镇发展状况与产业特点,结合我国政府发布的重要文件,综合运用统计分析法与定量分析法,以定性与定量、理论与实际相结合的方式对江苏省存在的问题进行分析,探究其影响因素,找寻解决对策,以期能够为江苏省城镇化与第三产业协调发展问题提供理论参考,促进城镇建设与经济发展,这对于助力我国在2018年决胜全面建成小康社会具有一定的理论指导意义。(经济学专业论文)

划线部分"本文"之后漏掉"以"。

例8:其次,扩大民事检察程序的适用范围,明确其独立适用价值,在原有立法范围的基础上,具体细化能够独立适用于民事检察建议制度的案件情况类型,如对于那些轻微、影响不大的当事人提起申诉的案件,或者事人认为原判决或裁定有错误,且执行下去会损害自己的合法权益,而向检察机关提出申诉,检察机关认为申诉成立的;或者执行人员在执行程序中,其行为不符合法律的规范,故意不执行,或违法执行的,就可以向检察机关提出民事检察建议,而在审查调解书时,也可以将范围扩大至违背了自愿、合法原则。(法学专业论文)

"或者事人"中漏掉"当"。其前之逗号应为句号。

另外,"而在"之前的逗号应该改为句号。"就可以"之"就"使用不当,应为"都"。"而在"之"而"改为"而且"更恰当。

例9:研究新加坡威权主义政治,对其现代化建设起到了非常重要的推进作;(政治学与行政学专业论文)

“推进作”后漏掉“用”。

例10:新时代背景下,柔性威权主义政治的发展,需要新加坡人民行动党在李显龙的领导下不断努。(政治学与行政学专业论文)

“不断努”之后漏掉“力”。

4. 句式杂糅

例1:了解模具技术能力水平是一个国家制造业直接决定该国产品品质重要标记。(材料成型及控制工程专业设计)

作者想表达模具技术能力和水平是一个国家制造业能力和水平的重要标记,决定着该国产品的质量。

例2:期望这次的经历能让我在以后学习和工作中激励我继续进步。(自动化专业论文)

“激励我”可以删除,或者替换掉“让我”。

例3:在经营方面,可能没有实体店或者只是一个仓库,网上家具商城可以节省租金、人工费等费用。(计算机科学与技术专业设计)

因果复句表述简单化。应改为:“在经营方面,网上家具商城可能没有实体店或者只是一个仓库,因此可以节省租金、人工费等费用”。

例4:在我国进一步是城乡义务教育均等化是实现教育资源公平配置的关键,这需要结合我国实际情况出发,坚持中国共产党的领导和政府的决策。(公共事业管理专业论文)

“结合我国实际情况出发”要么改为“结合我国实际情况”,要么改为“从我国实际情况出发”。

另外“是城乡义务教育均等化”之“是”为错字,应该是“使”。

例5:耿华萍、刘祖云(2016)认为城乡义务教育差距的产生是因为在中华人民共和国建立以来义务教育政策和制度的转变以及国民对义务教育观念错误的认知导致。(公共事业管理专业论文)

划线部分“导致”与“产生”不能直接关联;“在……以来”搭配不合理。此例应改为:“耿华萍、刘祖云(2016)认为城乡义务教育差距的产生是中华人民共和国建立以来义务教育政策和制度的转变以及国民对义务教育观念错误的认知所致”。

例 6:国内学者关于乡村基层社会治理的研究主要集中在以下几方面:一是有关于农村土地制度的研究,包括分析我国农村土地制度与我国农村经济发展、农民的社会保障以及农户的行为等方面的关系,并提出了我国农村土地制度改革的不同路径。(政治学与行政学专业论文)

划线部分“有关于”不正确。

例 7:舒适的床铺和干净的房间是他们选择酒店的重要因素,不愿过多地为其他客房产品所付费。(旅游管理专业论文)

“为……所”表示被动。此例使用不当,应该删除“所”。

5. 语序颠倒

例 1:交换货物的时间比以前少了很多,但国外仍略强模具技术。(材料成型及控制工程专业设计)

划线部分语序颠倒,应为“但国外模具技术仍略强”。

例 2:他们所研发的各种控制产品都是具有很高的技术核心在里面,相比之下,当时我国所自主生产的伺服系统产品远不及人家的,还需要继续钻研和探究。(自动化专业论文)

划线部分应该为“很高的核心技术”。

例 3:目前,世界工业化进程与日俱增,能源需求量不断上升,同时也造成了不断地球资源枯竭和浪费现象严重。(电气工程及其自动化专业设计)

划线部分应该为“地球资源不断枯竭”。

例 4:我们对数据库进行建立前,一定要做一项任务就是对概念结构的建立,概念结构的建立的作用是将我们的需求转化为概念模型的一个过程。(计算机科学与技术专业设计)

划线部分应该为“建立概念结构”。另外“任务”使用不当,应改为“工作”。

例 5:此时,系统会根据用户填写的信息在数据库中,一般是在用户表中,查看是否用户名已存在,如是已经存在相同的用户名,系统会给出用户名重复的提示,如若不存在,则会给出可注册的提示。(计算机科学与技术专业设计)

划线部分应为“用户名是否已存在”。

另外此例中的标点使用也有问题,“系统会根据用户填写的信息”之后应该有逗号,“系统会给出用户名重复的提示”之后应该用分号。

例6:全球经济似要从泥沼里快挣脱出来,新自由主义把握了良机,从而得到了自身的复兴。

划线部分应为“全球经济似快要从泥沼里挣脱出来”。

例7:酒店业作为旅游业重要组成部分,酒店的居住环境与顾客满意度成为酒店服务水平衡量的重要指标。基于此,我国营销专家就我国的营销模式探讨进行激烈的研究和讨论。

“酒店服务水平衡量的重要指标”之“酒店服务水平衡量”语序颠倒,应为“衡量酒店服务水平”。

“就我国的营销模式探讨进行激烈的研究和讨论”主干为“就探讨进行激烈的研究和讨论”语义混乱,应该为:“就我国的营销模式进行深入的研究和激烈的讨论”。

例8:其次,代理孕母可能是尚未结婚的适龄女性,代孕女子生下来就只有母亲抚养,没有一个健全的家庭环境,影响孩子的身心发展,单身女性的经济状况对于抚养一个孩子来讲也是不容忽视的一个问题。(法学专业论文)

划线部分“女子”应该为“子女”。

例9:往往人们为了得到外在的物质方面的利益,会不择手段去想尽一切办法去得到那些不应该他们得到的东西。(政治学与行政学专业论文)

“那些不应该他们得到的东西”应为“那些他们不应该得到的东西”。

另外该句行文比较啰嗦,如“会不择手段去想尽一切办法去得到”,可改为“会不择手段想尽一切办法得到”。

6. 时态把握不准

例1:在设计顶出脱模机构时应遵循下列原则:

1　顶出机构应设置在动模这边,装在注塑机合模机构上的顶杆来驱动顶出机构的动作。正因如此,在分型面设计适应尽量出来,开模后动莫这边留住制件。

2　保证了塑件不会因为顶出机构而发生穗槐磨损,设计时必须采用研究素舰队磨具的抱紧力和年富力大小,正常的选出顶出机构和方位。(材料成型及控制工程专业设计)

“保证了”之“了”应去掉,因为此例中还是一种未然态。

另外此例中还有两类问题。一是错字较多。“在分型面设计适”之“适”应为“时”;“动莫这边”之“莫”应为“模”;“穗槐磨损”之“穗槐”应为“损坏”;“素舰队磨具”应为“塑件对模具”;“年富力”应为“粘附力”。

二是标点问题。表示顺序的阿拉伯数字之后用下脚点。即“1.”“2.”。

三是“的”“地”“得”使用问题。“正常的选出”应该用“地”。

例2:在查阅大量资料后,经过与同学、老师的讨论,决定了把宇通客车公司的“宇通ZK6609D1客车(10-19座),如图2-2作为对标车辆。(车辆工程专业设计)

“决定了”应该为“决定”。

另外标点符号也有问题。划线部分引号不完整,“如图2-2”应该外加括号。即:决定把宇通客车公司的“宇通ZK6609D1客车(10-19座)”(如图2-2)作为对标车辆。

例3:就本课题所钻研的是位置伺服系统,可以实现对伺服系统中位置信号达到有作用的跟踪是本课题所探索的重点,从而研究并设计出能够非常准确地跟踪永磁同步电机位置的控制策略,就具有十分重要的意义了。(自动化专业论文)

“了”应删除。两个“就”也不恰当,可删除。

例4:在精准扶贫工作下,基层社会加强组织领导,构建多元主体参与治理的治理体系,激发社会活力;规范行政,创新治理的监督体系;加快了基础设施建设和公共服务建设;提高地区的信息化水平,广纳人才,强化干部队伍执行能力;促使资源配置精准化;转变群众思想,配合干部工作,完善基层治理模式,从而破解治理困境。(政治学与行政学专业论文)

划线部分“了”当删除。

例5:本文的根本依据是马克思主义基本原理,比较分析哈耶克与罗宾斯、坎南、凯恩斯等人的自由思想的不同之处,在仔细阅览了哈耶克著作的基础上,学习已有的研究成果,借鉴马克思主义哲学、社会学、心理学等学科的相关研究成果,结合微观整体研究和宏观领域研究,系统而深入地探讨了哈耶克的自由观,并且试图挖掘出了哈耶克的新自由观的历史局限。(政治学与行政学专业论文)

三处划线部分的“了”都应删掉。另外“阅览”用词不当,应为“阅读”。

(六)数字使用混乱

例1:制造业企业39家,信息服务业企业5家,餐饮旅游2家,其他行业各一

家。(会计学论文)

“各一家”,应该与前文保持一致,均使用阿拉伯数字,即“各 1 家”。

例 2:进入两千年,我国开始重视农业生产,加大了对温湿度监测的研究。(测控技术与仪器专业设计)

“两千年”应为“2000 年”。

(七)过于口语化的表述

例 1:一般阀块集成块的材料是 35 号钢或者 45 号钢。本次设计的液压系统呢是在中压条件下进行的。为了安全和稳定考虑。我们选用阀块集成块的材料为碳钢锻件。

……①

孔道的直径是由流量来决定的。一般要呢遵守以下原则:

……②

一些液压元件呢需要连接板。(机械设计制造及其自动化专业设计)

“呢”在专业设计中过于口语化,应该避免。

本段文字的标点使用不当,划线部分应该使用逗号。

例 2:Pp 材料就喜欢吸水,干燥和预热必须进行。

……③

熔化条件下的Pp 的一些特性比熔化的聚苯乙烯要好,在打针时应该选大点的打针压力。(材料成型及控制工程专业设计)

“就”“大点”在专业设计中过于口语化,应该避免。

另外,聚丙烯的英文名称是 Poly-Propylene,缩写为 PP。

二、大学生语言文字运用现状的成因分析

前面我们谈到,学生主办的面向校园的校内刊物语言文字运用失误非常之少,说明大学生规范运用语言文字的基本素质是具备的,正确使用语言文字的能力也是有的。但受众小的试卷、作业、论文中相对存在的不规范现象较多,这是由主客观原因造成的。

(1)主观原因在于学生使用语言文字时态度不认真,敷衍了事。如此导致的

①②③ 省略号为笔者所加。

不规范现象会在学生态度扭转之后有所改变。比如由于键盘输入导致的同音错别字，如果学生认真一些，这种错误能够消除。

（2）客观原因比较复杂，包括基础教育环节、高等教育环节以及社会环境等因素。

基础教育阶段的语文教学中，语言文字能力培养不足，造成部分学生基础不牢靠。教师们普遍反映在指导大学生毕业论文时，要把很多精力花在帮助学生修改错别字、病句、标点符号乱用等问题上。可以说，目前高校学生语言文字应用能力偏低在很大程度上是中小学基础教育的部分“不作为”所引起的。①

高等教育阶段语言文字能力培养乏力。大学教育注重专业知识和能力的培养，对学生的语言文字运用能力的关注不够，因此基础教育的遗留问题无从解决。

自媒体时代的语言文字使用主要通过键盘输入，缺乏日常生活中汉字书写实践性训练。长期使用电子产品做作业和写文章，使得大学生对错字的敏感度越来越低，使大学生汉语言文字能力逐渐衰退。同时网络上的海量信息中不规范的语言文字应用也影响了学生对语言文字的规范运用。

三、提升驻秦高校学生语言文字应用能力的对策

（1）从思想上引导学生自觉重视自身语言文字能力的培养。不少学生认为汉语是自己的母语，已经非常熟悉，目前自身的语言文字能力完全可以应对未来的工作生活，从而忽视自身语言文字能力的再提升。而实际上口语交际能力和书面表达能力都需要持续、系统的训练和培养。

（2）在实际的教学工作中，从提高学生语言文字能力的角度考虑设立相应的教学内容，并且覆盖本科四年，有计划有步骤地推进。比如经典阅读、演讲、朗诵、写作等。教师在专业课的教学过程中，有意识地强化语言文字的规范应用，注重提升学生的语言文字应用能力。

（3）开展与语言文字应用相关的各类活动，营造良好的语言环境，比如开展朗诵、演讲、辩论、人文知识竞赛等活动。

---

① 屠国平《大学生汉语言文字能力现状调查与对策研究》，《中国大学教育》，2009 年第 12 期。

第四章　驻秦高校教师语言文字运用状况调查

河北省教育厅2015年6月下发的《河北省高等学校教师资格认定办法》明确规定申请教师资格人员的普通话水平应达到国家语言文字工作委员会颁布的《普通话水平测试等级标准》二级乙等及以上标准，其中语文类教师、对外汉语教师普通话水平应达到二级甲等及以上标准，语音教师普通话水平应达到一级乙等及以上标准。2017年3月14日，教育部、国家语委印发《国家通用语言文字普及攻坚工程实施方案》，明确提出要大力提升教师的国家通用语言文字应用能力，力争在"十三五"期间使所有教师的普通话水平达标。目前驻秦高校中的专职教师在取得高等教师资格证之前，都要经过岗前培训并考核合格，普通话水平达标。因此驻秦高校中教师普通话水平达标这项工作已经完成。

一、驻秦高校教师语言文字运用现状

驻秦高校都设有师资培训部门，比如燕山大学教师教学发展服务中心面向在岗教师，在开展全校规模的教师培训的同时，也开展了针对教学改革的"教学沙龙"系列活动、针对青年教师的"教学技能系列工作坊"、发挥名师辐射效应的"教学名师工作坊"等系列培训工作，坚持网络培训和线下培训相结合。从2014年4月到2018年6月，"教学沙龙"系列活动已经开展38期，"教学技能系列工作坊"已经举行8期，"教学名师工作坊"已经举行4期。各个学院和专业也根据学院和专业特点定期进行教师培训工作。同时学校、学院和专业还定期进行青年教师教学基本功竞赛，促进教师教学水平的提高。截止到2018年7月，学校规模的青年教师教学基本功竞赛已经举行了9届。可以说这些有计划有步骤的培训工作和各种教学竞赛，使得燕大教师在思想意识上能深刻认识到教学的重要性，从而不断规范自己的教学行为，提升自身的教学能力。另外，学校各个部门开展了教职工诵读国学经典、"书香润心灵，阅读伴人生"为主题的读书节、"使命刻骨·廉政铭心"廉政主题的演讲比赛等活动，营造了规范使用语言文字的环境。

在我们所接触的教学教案、教学大纲、教学日历、课程考核分析报告等书面材料中,发现绝大多数教师能够规范地运用语言文字,但确实也存在诸如标点符号使用不规范等一些现象:

例1:讲授基本原理,理论联系实际,培养学生创新能力(教学大纲)

应在句尾加上句号。

例2:使学生掌握机械零件的失效与强化的基本理论和方式,从而根据机械零件正确选定材料,并制定合理的加工工艺路线,并且制定合理的加工工艺规范(教学大纲)

应在句尾加上句号。

划线部分“并且”可以省略。

例3:能运用数学、物理化学、工程力学、金属工艺学等已经完成的课程基本原理,分析金属材料冷、热变形的基本规律,能够正确设计金属材料静态、动态回复与再结晶的一般工艺。。(教学大纲)

句尾句号多出一个。

例4:能够具有较强的机关文书处理能力、语言表达能力和对外关系能力,具有较高的信息获取和处理能力,以及发现问题和解决问题的能力。(教学大纲)

此处“以及”之前的逗号删掉为宜。

例5:合法行政原则的具体内容因各国的法律制度的不同而有所不同,主要来自大陆法系的德国、日本的法律优先原则,法律保留原则。(教案)

“法律优先原则”和“法律保留原则”之间的逗号不恰当,或改为顿号,或改成文字“和”或“与”。

根据上下文,“主要”与“来自”之间有漏字,应补充。

例6:合理行政原则主要包括三方面的内容,即公平公正原则,考虑相关因素原则和比例原则。(教案)

“公平公正原则”和“考虑相关因素原则”之间用顿号可能更合适。

例7:行政的特性:主体特定性、公益性、整体性与能动性、过程性、合法性与自由仲裁性、行政应受到监督。(教案)

顿号应改为逗号。

例8：训练经济学直觉。直觉是对事物的直观印象或看法。如，政府认为压低价格，有利于消费者？粮食丰收对农民是好消息？安全带促进了交通安全？（教案）

“如”后列举了三个疑问，应该用冒号。

例9：1. 要求学生知道俄罗斯是一个多民族多宗教的国家，民族问题和宗教的信仰问题是俄罗斯经济转轨，社会能否顺利向前发展的一个很重要的因素. 2. 宗教方面要了解其国教和多神教，并知道宗教的传入的时间及背景，代表人物及分布的地区. 3. 了解宗教对俄罗斯政治、经济、社会、文化、及艺术的影响。

“因素.”“地区.”的句号要用“。”。

“及艺术”之前的顿号要删除。“转轨”与“社会”之间之逗号改为顿号更好。

例10：本门课程将采取随机抽查方式，课程讲授过程中，随机点名3次，无故缺勤3次者，取消本门课程的考核资格；（教学大纲）

根据文意，“抽查方式”之后的逗号可以改为句号。

“考核资格”之后的分号不恰当，语意完结应该用句号。

例11：理论教学、课堂提问及实验训练相结合，加深学生对金属材料及热处理的核心问题：材料成分-加工工艺-组织结构-材料性能的关系的理解和认识，并强化学生工程观点的建立。

连接号用一字线“—”。

例12：能运用数学、物理化学、工程力学、金属工艺学等已经完成的课程基本原，合理利用有关工程材料的基础理论知识，并使其初步具备根据零件有关工作条件合理选择和使用金属材料、无机非金属材料和高分子材料。（教学大纲）

“基本原”后漏掉“理”。“具备”后面缺少相对应的语法成分。

例13：能够运用数学、物理、力学、传热学等的基础理论知识分析核裂变反应、核电系统能量转换、利用形式、不同核电站类型的工作原理。（教学大纲）

“利用形式、”突兀。

例14：能够分析和评价核电站控制及运行等方面的问题，并根据实际工况对特定工程问题提出有效的解决方法。

“工况”应为“情况”。

例15：4、掌握汽车美容与装饰的常见作业项目、工艺及常用的设备用品，能够

从事汽车美容装饰工作

5、掌握汽车备品经营常识，能够从事汽车备品经营工作；

6、掌握旧机动车技术评估、交易运作方法和咨询服务知识，能够从事旧机动车交易工作；

7、掌握机动车保险相关法规、业务流程及费率计算能够从事汽车保险工作。（教学大纲）

表示次序的阿拉伯数字后用下脚点，即“4.”“5.”“6.”“7.”。“汽车美容装饰工作”为句尾，当与第5、第6条保持一致，加分号。“费率计算”之后应加逗号。

例16：基本掌握给海洋的基本化学组成，盐度，氯度等基本概念；（教学大纲）

“给海洋”之“给”错误，应删除。

另外该句中连续出现三个“基本”，根据句意和该课程的情况，应该调整语词和标点符号，即：“掌握海洋的基本化学组成，盐度、氯度等基本概念”。

二、教师语言文字运用现状分析

应该说驻秦高校的师资培训工作内容丰富，校园语言文字规范化环境营造得也很充分，但教师的教案、课程的教学大纲等仍然存在标点符号不规范使用等现象，原因是多方面的：

（1）教师本身主观认识可能没到位，忽视了提升自身语言文字规范化水平的培训。不少教师经过培训学习，普通话已经达标，顺利取得教师资格证，认为不再需要提升语言文字水平的培训。另外由于教学任务、科研任务比较繁重，再加上个人家庭情况，很难再去花费较多的精力和时间去提升自己的语言文字水平。因此，不少教师往往忽视了提升自身语言文字规范化水平的培训，从而错失提升语言文字规范化水平的机会。

（2）学校职能部门提供的有关语言文字规范化的培训相对较少。就目前燕大进行的师资培训来看，关注课程培训、教学艺术、教学方法、信息技术等方面的培训较多，以提升教师语言文字水平为主题的培训相对较少。

三、提升驻秦高校教师语言文字水平的策略

（1）加强教师自身对语言文字规范化的重视，提高语言文字应用规范化意识，引导教师自主提升语言文字规范化水平。

(2)学校职能部门尽可能多地丰富师资培训内容,有意识地提供以提升教师语言文字水平为主题的师资培训。比如普通话发音技巧、教师用语规范、板书设计、PPT规范用字、页面排版、布局设计等专项培训。

(3)不间断地持久地营造校园语言文字规范化建设的氛围,积极开展面向广大师生的各类语言文字竞赛、语言文字活动。比如继续坚持开展青年教师教学基本功竞赛,还可以开展诗歌朗诵、汉字书写活动、成语大赛、诗词大赛等,使语言文字规范化融入到校园文化建设中去。

第五章　驻秦高校出版物语言文字运用状况调查

出版物的用语用字是一个国家语言文字方针政策的重要体现，也是一个国家语言文字应用水平的主要标志。出版物用字量大，社会影响也大，带有很强的示范性，是语言文字规范化工作的重要领域。①

一、驻秦高校出版物

目前，驻秦高校出版物共有《燕山大学学报》（自然科学版）、《燕山大学学报》（哲学社会科学版）、《教学研究》、《河北科技师范学院学报》（自然科学版）、《河北科技师范学院学报》（哲学社会科学版）、《中国干部管理学院学报》等6种期刊。另外还有燕山大学出版社公开发行的700余种图书。

燕山大学面向全社会公开发行出版物的单位有两个，一是燕山大学出版社，一是燕山大学期刊社。燕山大学出版社成立于2011年11月，以服务教育、繁荣学术、传承文化为发展理念，出书范围包括教材、参考书、工具书、学术专著、译著以及适合高等学校教学需要的通俗政治理论读物等。到目前为止，出版社已经出版各类图书700多种，先后获得第四届中国大学出版社图书奖优秀著作一等奖、教育部主题出版选题等省部级奖励。燕山大学期刊社成立于1998年2月，现由《燕山大学学报》（自然科学版）编辑部、《燕山大学学报》（哲学社会科学版）编辑部、《教学研究》编辑部三个部门组成。《燕山大学学报》（自然科学版）1963年创刊，双月刊。国内统一刊号CN13-1219/N，国际标准刊号ISSN1007-791X。重点刊登机械工程、材料科学与工程、电气工程、信息科学与工程等学科原创性学术论文，是中文核心期刊要目总览收录期刊。出版文献量3334篇。《燕山大学学报》（哲学社会科学版）2000年创刊，双月刊。国内统一刊号CN13-1277/C，国际标准刊号ISSN1009-

---

① 石峰《贯彻语言文字规范，推动新闻出版事业繁荣发展——在纪念国务院〈关于公布《汉字简化方案》的决议〉和〈关于推广普通话的指示〉发布50周年座谈会上的发言》，《现代语文》（语言研究版），2006年第4期。

2692。主要栏目有中国哲学与文化、典籍翻译研究、京津冀协同发展，是中国人文社会科学引文数据库来源期刊。出版文献量2290篇。《教学研究》1978年创刊，双月刊。国内统一刊号CN13-1216/G4，国际标准刊号ISSN1005-4634。主要栏目有教育论坛、学习科学、教育教学管理、教学改革与实践、基础教育教学改革等，是中国人文社会科学引文数据库来源期刊。出版文献量3469篇。

河北科技师范学院有《河北科技师范学院学报》，下设自然科学版编辑室、社会科学版编辑室两个编辑室。《河北科技师范学院学报》（自然科学版）1987年创刊，2004年第1期开始，更名为《河北科技师范学院学报》，季刊，国内统一刊号CN13-1344/N，国际标准刊号ISSN1672-7983。主要刊登农业科学、海洋科学、生命科学、农业工程、机械工程、电器工程、土木工程、食品科学与工程、计算机科学、教育技术、数学、化学、物理等自然科学方面的学术论文、研究简报、文献综述等。出版文献量2352篇。《河北科技师范学院学报》（社会科学版）2002年创刊，季刊，国内统一刊号CN13-1342/C，国际标准刊号ISSN1672-7991。主要栏目有博士论坛、马克思主义研究、哲学研究、法学研究、经济学研究、会计与审计、思想政治教育、高校党建、高校管理、高教研究、职教研究、文学研究、艺术研究、三农问题等。出版文献量1897篇。

河北环境工程学院有《中国干部管理学院学报》，1991年创刊，双月刊，国内统一刊号CN13-1272/X，国际标准刊号ISSN1008-813X。开设生态文明、环境管理、循环经济与可持续发展、环境监测与污染防治等栏目，主要刊登环境科学、环境保护与管理、环境监测与监察、环境工程与产业等学科及其交叉学科的基础理论和应用研究方面的学术论文。出版文献量3068篇。

二、驻秦高校出版物语言文字应用状况

应该说，无论是《燕山大学学报》自然版、社科版编辑部还是《河北科技师范学院学报》自然版、社科版编辑室，无论是《教学研究》编辑部还是《中国干部管理学院学报》编辑部，都拥有一支经验丰富、编审严格的编校队伍，所编辑出版的刊物无论是学术水平还是编辑质量都很高。尤其是《燕山大学学报》（自然科学版）是全国中文核心期刊、中国科技核心期刊；《燕山大学学报》（哲学社会科学版）荣获2014年度“中国科技论文在线优秀期刊”二等奖，并入选《科学引文数据库（SCD）》

2017 来源刊。

我们抽检了 2015 年燕山大学期刊社发行的《燕山大学学报》(自然科学版)、《燕山大学学报》(哲学社会科学版)、《教学研究》,河北科技师范学院编辑部发行的《河北科技师范学院学报》(社会科学版)、《河北科技师范学院学报》(自然科学版)和《中国干部管理学院学报》,以及 2017 年燕山大学出版社出版的图书,发现一些问题:

例 1:苏晒将《正蒙》分为十七篇,这十七篇根据"篇次章句,以类相从"的原则又可以分为四部分,划分的依据是张载的四句名言,即"为天地立心,为生民立命,为往圣继绝学,为万世开太平"。第一部分:《太和篇》、《参两篇》、《天道篇》、《神化篇》、《动物篇》主要讲三方面的内容:一,太虚、气、万物的关系;二,阴、阳二气相互作用的整体过程及其运行;三,气与万物生成的关系,该部分与"为天地立心"相合。第二部分:《诚明篇》、《大心篇》、《中正篇》、《至当篇》主要讲人怎样认识天道,如何达到"与天地合德",该部分与"为生民立命"相合。第三部分:《作者篇》、《三十篇》、《有德篇》、《有司篇》、《大易篇》、《乐器篇》、《王旆篇》主要是引用解释《论语》、《孟子》、《周易》、《诗经》、《尚书》、《周礼》、《礼记》、《仪礼》中的语句,张载将引用的语句用自己的话进行串联从而赋予它们新的意义,该部分与"为往圣继绝学"相合。①

划线部分均为书名号并列,各个书名号之间的顿号都应去掉。

例 2:1933 年 7 月,金剑啸与罗烽、舒群、萧军、萧红、白朗等人,组建含有抗日色彩的星星剧团。剧团因排练反满抗日话剧《居住二楼的人》、《一代不如一代》等而被日伪镇压,戏剧未及公演,剧团便被迫解散。

书名号本身有提醒读者停顿、注意的功能。并列的书名号之间可以不再用顿号。此例中"剧团"出现三次,从文意来看,第二、第三个"剧团"只保留一个即可。

例 3:张载的全部著作见下表,《易说》和《文集》是其自作,其余皆是札记和讲学语录,由弟子整理而成。明嘉靖间吕柟编有《张子钞释》,仅收有张载的《语录钞》和《文集钞》。万历年间,沈自彰刊刻《张子全书》,除收录《张子钞释》,另收录《西铭》、《东铭》、《正蒙》、《理窟》、《易说》。清乾隆间宋廷萼刊有《张子全书》,今

① 下划线为笔者所加,下文例句同。

本有中华书局1978年版《张载集》。

划线部分的顿号，应删除。

例4：与前期的“新唯识学”相比，后期的《论六经》、《原儒》、《体用篇》、《明心篇》、《乾坤衍》等著作“专情”入学，有与马克思主义靠拢之倾向，更在书中贬低“大儒”。

并列的书名号之间不再用顿号。

例5：纵观熊十力前期的思想，他走的是由本体论到人生观最后到治化论的路径，即“体用不二”、“天人不二”、“道器不二”的“不二”哲学。

引号本身有提醒停顿、注意的功能，并列的引号之间不再用顿号。

例6：平仄的概念虽然是唐代人提出的，然而沈约将“宫”与“羽”，“低”与“昂”，“浮声”与“切响”等进行对举，体现了他对四声所作的区别，“宫”、“羽”、“低”、“昂”、“浮声”、“切响”都是平、上、去、入不同调型的代称，他提出在实际创作中字调应高低相间，抑扬相对的原则，已经对四声作了二元化的要求，为诗人追求声律美提供了一套切实可行的方法。

根据文意，双划线部分的逗号改为顿号更为合适。单划线部分的顿号可以去掉，因为引号本身带有提示停顿的作用。

例7：而休姆作为意象派诗学理论的先驱，功不可没。他倡导的“语言干练”、“用词准确”、“意象新颖”、“自由韵律”等诗学观为意象派诗歌指明了方向。

划线部分的顿号，应删除。

例8：并且《诗经》中多以诗中出现的事物断定主人公身份，如根据《周南·关雎》中“琴瑟友之”、“钟鼓乐之”可以判断男主人公为贵族阶级，因为“琴瑟”、“钟鼓”更多为贵族阶级所属之物。而《野有蔓草》全诗并没有提及能表明主人公身份的事物，因而《野有蔓草》一诗中的男女双方更可能为平民阶级。所以根据“邂逅相遇，适我愿兮”、“邂逅相遇，与子偕臧”这两句诗可以判断《野有蔓草》是一首反映了平民阶层男女双方的相遇之诗。

并列的引号之间不需要再加顿号。

例9：沈约是齐梁时代留存诗篇最多的作者之一，据《梁书·沈约传》、《南史·沈约传》记载，共有100卷。

并列的书名号之间不再用顿号。

例 10：据统计，收录《张协状元》曲子的有《九宫正始》、《九宫大成》、《南词新谱》、《御定曲谱》、《增定南九宫曲牌》和《寒山堂曲谱》6 个曲谱，共收录 25 支曲子，除去重复的，实际只有 13 支曲，见表 1。

并列的书名号之间不再用顿号。

例 11：伊格尔顿是 20 世纪英国著名的文学批评家和文学理论家，著有《批评与意识形态：马克思主义文学理论研究》、《马克思主义与文学批评》、《审美意识形态》等理论著作，这些著作在当代西方美学界特别是在研究西方马克思主义美学的学者中有着较为广泛的影响，对于当代文学理论的丰富与发展起着重要的作用。

划线部分顿号可删除。

例 12：由前文通过"成本—收益模式"和"理性经济人假设"分析可知，反垄断法的损害赔偿制度尤其是惩罚性损害赔偿制度，是一种低成本，高效率的制度设计，能够激励私人实施，弥补公共实施的不足，同时对实施垄断行为的经营者予以惩罚和威慑，预防潜在的垄断行为的发生。我国《侵权责任法》、《消费者权益保护法》和《食品安全法》等法律中已经明确规定了惩罚性损害赔偿，在《反垄断法》的民事责任对惩罚性损害赔偿做出详细具体规定，同时也是与现存法律制度保持一致的必然要求。

"低成本""高效率"之间的逗号可以删除，《侵权责任法》《消费者权益保护法》之间的顿号应该删除。另外"在《反垄断法》的民事责任"之"在"多余，应该删除。

例 13：除《涉江》外还有《抽思》、《哀郢》、《怀沙》等作品，大多记叙了屈原的流放经历及其在行旅中的见闻，如《抽思》记叙了屈原被流放汉北之经历，读《哀郢》又可知屈原曾被流放到郢都以东的偏远地区，家国之恨、身世之感与沿途的景物交织在一起，纪行的同时表现出了自我复杂的心绪，《怀沙》则记叙了屈原由湘西奔赴长沙以死守节的事迹。相对而言，《涉江》、《哀郢》的纪实性成分更多一点，根据行踪的变化，在不同的地点描写不同的见闻感受，融纪行、写景、抒情于一体，但缺少对沿途历史掌故的叙写，不能直接称其为行旅赋，可以看作是我国行旅赋的滥觞。

并列的书名号之间的顿号应该删除。

从文意来看，"读《哀郢》"之前的逗号改为分号，"复杂的心绪"与《怀沙》之间的逗号改为分号。

例 14：那《艺文类聚》编纂者对行旅赋又是怎样界定的呢，属于比较靠近广义的行旅赋的界定还是狭义的呢?

本例中第一个“呢”后用问号更为合适。

另外划线部分的语句“属于比较靠近广义的行旅赋的界定还是狭义的呢”缺乏必要的语法成分。

例15:那么《艺文类聚》中对现在称为广义的行旅赋的另一部分赋作军旅赋(以建安三国时期军旅赋为例)是怎样处理的呢。据张在存《三国军旅诗赋研究》统计三国时期军旅赋主要有20篇,现在一些学者将其归入“行旅赋”一类,《艺文类聚》的处理方式则不同,见表2。

划线部分的“呢”后用问号更为合适。“据张在存《三国军旅诗赋研究》统计”后应该增加逗号。

“那么《艺文类聚》中对现在称为广义的行旅赋的另一部分赋作军旅赋(以建安三国时期军旅赋为例)是怎样处理的呢”介词宾语部分过于复杂,容易产生歧义,应该调整表达方式。或可调整为:“广义行旅赋中有一部分被称为军旅赋,比如建安三国时期军旅赋。那么《艺文类聚》是怎样处理这部分作品的呢?”

例16:语际显化可分为两种情况。一是明示:汉语原文中出现“就”、“也”、“还”等语意模糊的连接副词,英语译文中用语义明确的连接词表达,如b;二是添加:汉语原文中没有出现连接词,但英语译文根据原文各分句间的意义关系添加了连接成分,如c。

划线部分引号之间的顿号去掉。

例17:随着中国人民在各个方面的觉醒,从19世纪初期开始,已经有一些先进的知识分子意识到中国法学的落后并开始介绍国外法学著作,20世纪初国人更是掀起了“西法东渐”的高潮。这些知识分子在“师夷长技以制夷”、“师夷长制以制夷”失败之后,开始默默尝试“师夷长法以制夷”。

划线部分引号之间的顿号应删掉。

例18:上述归纳的几类诗旨论中,“刺时说”、“情会说”、“求贤美贤说”都有其存在的理论基础,并且对后代产生了较为深远的影响。

并列引号之间的顿号应删掉。

例19:“求贤美贤说”中的“美程子说”主要是依据孔子借《野有蔓草》一诗来称颂程子的贤能,此事在《孔子集语》事谱篇《韩诗外传》、《说苑·尊贤》以及《子华子》中都分别有记载。

“《孔子集语》事谱篇”应为《孔子集语·事谱》。并列书名号之间不再用顿号。划线部分标点符号应为“《孔子集语·事谱》《韩诗外传》《说苑·尊贤》以及《子华子》”。

例20：对于1949年之后熊十力著述角度和重点的转变，有学者将其归结为对政治的屈服、向现实的妥协、对毛泽东的恐惧等等，如今细细品来，或许只是他发现了儒家与共产主义之间具有亲和力、秉承传统儒者救世济人的情怀、同时毛泽东的为人形象与他心中领袖的形象重叠，进而形成精神上的折服。

划线部分的两处顿号改为逗号可能更合适。

例21：熊十力将政治分为政治能力和政治道德，如法律法规类内容归属于政治能力；如儒家提倡的仁、新等内容归属于政治道德，如同他的体用不二、道器不二、性修不二等“不二”思想一样，其政治哲学也是能力与道德不二。

从文意来看，划线部分“政治能力；”的分号可以用逗号。“政治道德，”的逗号用句号更合适。

例22：伪满官方希望借助戏剧这样既可读、又可演的艺术样式来装点“盛世”、教化民众、灌输国策和维护统治，不断放大戏剧的宣传功能和社会功用，积极倡导戏剧演出与发展，以达到文化怀柔之目的。

“既……又”之间的顿号应该删掉。

例23：沈约是齐梁文学领风气之先的关键人物，而且，由于他的社会地位和文学成就，对后进作家多所奖掖和指导，齐梁时期文法发展的优点和不足，都与沈约有一定的关系。

划线部分的“所”字结构是名词性成分。根据文意，此处需要增加一个动词性成分，可能“对后进作家多有所奖掖和指导”更合适。

例24：当前，《网络伦理学》、《网络文化学》等课程已成为部分发达国家高等院校的必修课，但在我国，大学生的网络素养教育并未随着网络的发展受到足够重视，绝大多数高校尚未开设真正意义上的网络素养教育课，相关教材、教师、教学内容、教学目标等基本为空白，《计算机基础》等现有网络课程多侧重于网络操作技能层面，而行为规范、伦理道德、信息甄别能力等方面内容寥寥无几。

不能视为作品的课程、课题、奖品奖状、商标、证照、组织机构、会议、活动等名称，不应用书名号。划线部分的课程名称可以用引号，即“网络伦理学”“网络文化学”“计算机基础”。并且“网络伦理学”“网络文化学”两者之间不需加顿号。

例25：一是改进大学生参与管理的载体。学生代表大会和团员代表大会（简称双代会）是大学生参与民主管理的权力机构。而当前双代会在实现大学生民主权利方面作为不够，如：宣传发动不足；提案质量不高；代表作用发挥不够等等。学校应在发挥双代会职能方面增强力度，不断完善工作制度和工作方式，真正使学生的要求和愿望得以反映、得到解决。可加强提案管理，建立提案收集、提交、反馈的网络平台，提高提案工作效率和认可度；完善代表任期制，明确代表在联系学生方面的具体要求，强化代表履职等等。

双划线部分中的分号换用逗号比较合适。

并列成分之间用逗号时，末尾的并列成分之后的“等等”前也要相应地用逗号。因此，无论双划线部分还是单划线部分的“等等”之前都需要加上点号。

例26：本文对证券公司披露的自营业务授权层级进行统计，得出了投资决策委员会—自营部门—操作员的三层授权机制，建立了三方博弈扩展形，结合模型假设对博弈的结果进行了分析。

划线部分添加引号可能更确切。即：得出了“投资决策委员会—自营部门—操作员”的三层授权机制……

例27：原杭州未来科技城管委会规划建设局副科长郭鸣成便因此而走上了邪路，这位出生于20世纪80年代的青年干部原本可谓前程似锦，然而面对城市规划建设这一重要岗位却做起了“江湖买卖”，入职以来其利用职务便利，先后为一些项目承包人在承接、实施相关测绘工程以及选址论证报告业务过程中给予关照，而作为交换其多次收受他人所送财物共计人民币158万元，给地方社会经济发展带来了巨大损失。

划线部分增加标点可能更准确，即：“而作为交换，其多次收受他人所送财物，共计人民币158万元，给地方社会经济发展带来了巨大损失”。

例28：萨班·贡嘎坚赞（1182—1251）的《萨迦格言》于13世纪上半叶成书，是藏族格言诗中的经典作品。它教授人们规矩，弘扬佛学思想，并引导人们区分智者愚者的思想行为，做到扬善抑恶而且就治学、识人、处世、待物等方面提出一系列主张，是僧俗必读之物。

划线部分“而且”前可添加逗号。

例 29：常规的书评以推介、赞誉为主，批评为辅，本文恰恰相反，以浓墨批评，赞誉淡写。从结构到内容，从宏观到微观对《应用》展开批评。因为批评可帮助作者完善，批评可推进研究的深化。

划线部分增加“而”可能表意更准确。

例 30：财产申报制度明确规定官员不得谎报瞒报家庭财产，否则将受到纪律处分。腐败官员会极力反对财产公开，会成为财产申报制度建设的主要阻力，基本上不认同这一制度的建设与实施。

划线部分容易让读者产生主语不明确的误解，因此紧承上文在“基本上”之后添加“会”，表意会更准确。即：“腐败官员会极力反对财产公开，会成为财产申报制度建设的主要阻力，基本上会不认同这一制度的建设与实施”。

例 31：虽然自己是汉族，当看到蒙古族在世界历史上曾那么强大，自己觉得其实还是挺自豪的，而且对成吉思汗这位伟大的政治家、军事家的历史功绩也很有感受，后来写下了《成吉思汗》这首诗。

划线部分增加“但”或“但是”与前文“虽然”呼应，可能更好。即：“虽然自己是汉族，但当看到蒙古族在世界历史上曾那么强大……”

例 32：有学者以师学传承、地域来源的角度指出，两宋广东理学可以分为两支：程朱之学、修习理学而师承不明者，广州、东莞、潮州是为两宋广东理学的中心。此方法有益于阐述两宋乃至明清广东理学，但无主峰可指、无脉络可寻与少学理性仍然是处于接受、传承中原理学阶段的宋代广东理学的特点。

1. 无主峰可指

学术欠发达的广东，其任何阶段的所谓理学主峰都不能与二程、周敦颐、张栻、朱熹等理学大家相比拟，但具有旗帜性、影响力等能够成为学术主峰的因素就仍然不能欠缺。若以此来看两宋广东理学家 13 人：黄执矩、郭叔云、郑南升、周舜元、李用、崔杰、简克己、梁仲钦、梁百揆、邵继贤、陈益亲、陈庚、区仕衡，除区仕衡的《理学简言》，以上诸人均没有留下理学专著，亦是名难见经传的理学家。

此文说明宋代广东理学特点有三：无主峰可指、无脉络可寻、少学理性。划线部分晦涩难明。

例 33：他一生有很多作品，而《萨迦格言》是他的主要著作之一。原书共 457 首，分为 9 章，分别是：“观察学者品”、“观察贤者品”、“观察愚者品”“观察正确处世方法品”、“观察不正确的处世方法品”、“观察事物品”和“观察教法品“。

划线部分的顿号都应该去掉。而且句末最后的引号使用错误，应为下引号。

例34：另一方面塔尔库作为流亡者，他是鼓吹西藏独立的流亡分子，意在向英语世界的读者宣传藏族宗教文化，因此他注重寻找藏文化与西方文化之间的共性，引起英语世界读者的共鸣，使他们这些流亡分子可以得到国外的支持。因此他翻译的内容多涉及宗教意识、道德规范、待人接物，文化传统等。

划线部分的逗号应为顿号。

例35：阿雷格尼学院的教师教育专业设在行为与社会科学学部，分为幼儿教育、小学教育和中等教育，其中，小学教育专业包括教学文科副学士（The Associate of Arts in Teaching，AAT）和教学理科副学士（The Associate of Science in Teaching，AST）两种培养方案，同属于“2+2”联合办学模式，根据不同的转学目标区分培养方案（见表1）。

划线部分之逗号应该用句号。

例36：马里兰阿雷格尼学院的小学教育专业开设有两门特色课程，一是教育职业生涯分析，为学生提供能力评估，使学生明确自我兴趣以及自我能力与教育职业的匹配程度，为学生明确教师职业，为未来从事教育事业打下良好的心理基础；二是职前教育培训，修习这门课程可以抵消美国教师资格考试PRAXIS Ⅰ的测试，通过这门课程，学生可以学习关于教师资格考试的相关知识并进行实践训练，提高学生教师资格考试的通过率，对于学生来说，具有很强的实用色彩，这两门课程的开设十分值得学习和借鉴。

划线部分“两门特色课程”之后的逗号改为冒号更合适，“通过率”和“实用色彩”之后的逗号应该是句号。

例37：一个民族的语言植根于其文化中，因此语言翻译的过程就是一个文化传递的过程。而在翻译过程中选择传递哪些方面的文化，向谁传递文化等等，都是由译者所决定的。

并列成分与“等等”连用时，若并列成分之间用逗号，那么末尾的并列成分之后的“等等”之前也要用逗号。此例划线部分的“等等”之前要加逗号。

例38：其中，情感体验包括对愉悦感和平等感的调查，功能体验包括对控制感、易用感、卷入感的调查。“愉悦感”指能否调动心理愉悦感以及情绪的感觉程度;"平等感"指双方是否有一种平等交流的感觉。"控制感"是感到话语权被引导、掌控的程度;"易用感"是网络交流方便易用的感觉程度;"卷入感"是不自觉地被带入到话题讨论中的程度。

此例中的分号使用不合适,统一改为句号更合适。

例39:这批礼玉器的发现,不仅把孤竹国的研究范围,圈定在了唐山市滦南县的大马庄区间,同时也把千年存疑的孤竹君姓氏,由传说中的"墨台氏"、"墨夷氏"、"默夷氏"、"目夷氏"等,锁定为了"墨"氏。

"研究范围"之后的逗号应该删除。并列引号之间不需要用顿号。

例40:与一般翻译研究相比,中国典籍英译研究有其独特性。因此,唯有从多棱镜、全方位、系统性地对中国典籍英译进行研究才能揭示和解释其本质和规律,为今后该领域研究的突破奠定基础。

划线部分"进行研究"之后应当增加逗号。并且"从"之后缺少对应语,可删掉"从"。

例41:在尊重自然的基础之上,通过合理的实践活动不断化自在的自然为为我的自然,这种和谐的人与自然关系所反映的正是和睦的人与人之间的关系。

"自在的自然""为我的自然"加上引号会使表述更加清晰。

例42:摒弃灌输式、说教式教学方式,增强政治教育的开放性和包容性,增加对西方政治文明,以及我国古代、近代不同时期政治体系的介绍、批判和借鉴,使大学生在比较中正确而全面的认识西方民主思想和我国政治体系沿革,避免形成片面偏颇的政治认识。

划线部分"全面的"应为"全面地"。"文明"之后的逗号应删除。

例43:因而,在树立文化品牌的同时,一定要强化其归属地,这样才可能增强品牌的提喻互动效果,既能过以部分见整体,能过子品牌的建设提升地方文化形象,又能以整体见部分,通过母品牌的强化促进辖区内文化产业的整体发展。

"既能过以部分见整体"之"能过"错误,应为"能"或"能够";"能过子品牌的建设提升地方文化形象"之"能过"错误,应为"通过"。

例44:缩小这一差距,只有加大京津冀中职教育合作力度,提升河北省劳动者技能水平和就业能力。一方面为为京津冀协同发展提供重要人力资源支撑,另一方面也有助于提升河北省民众收入水平。

划线部分“为为”重复，保留一个即可。

例45：在地方实践中，单双号限行一般是临时性质的，期限少的仅有几天，例如天津市在中国人民暨世界反法西斯战争胜利70周年纪念活动期间实施9月1～3日为期3天的机动车单双号限行。河北省保定市曾在2013年11月发布了《15日起市区内车辆单双号限行》的通知，并未规定截止日期，最后由于公众的质疑演练两天便草草结束。

划线部分“公众的质疑”之后应该加上逗号，并且“演练”用词不当。

例46：人们以为理顺了自然的概念就能够真切的理解自然，但事与愿违的是：无论人们如何谈论自然，自然都依旧如是。

划线部分“的”错误，应为“地”。

例47：即使有女性犯故意伤害罪，其原因也基本上是因为内部矛盾积压太深，常常因琐事口角为导火索导致悲剧发生。如，2014年该区检察院受理的苏某某故意伤害一案，她和受害人在同一所饭店做服务员工作，因性格不合双方积压很长时间的怨恨，被告人苏某某因怀疑受害人偷吃自己的瓜子而大动干戈，导致受害人轻伤二级，最终双反达成和解，苏某某被判处有期徒刑6个月。

划线部分句式杂糅，“其原因”与“也基本上是因为”不能并用，应删除“其原因”。“常常因琐事口角为导火索导致悲剧发生”之“为导火索”应删除。

另外“双反达成和解”之“双反”错误，应该是“双方”。

例48：这些珍贵的玉文礼玉重器，依据《礼记》记载，都应是供奉于宗庙或祭坛内的圣物，而决非常人可视之物。

“决非”错误，应该为“绝非”。

例49：借助联想与想象，“写一段话或仿写几句小诗”——这个练笔的选点是恰当的，因为这正是此诗给读者预留的广阔想象空间；这个练笔的形式是妥当的，既有助于丰富学生的诗情画意，发展学生的想象能力和语言表达能力，学生又能写、有的可写。

划线部分“既……又……”的使用不规范，可改为：既能丰富学生的诗情画意，发展学生的想象能力和语言表达能力，又让学生能够写、有内容可写。

例50：因此，针对民事审判权的界限模糊问题，笔者认为仍有三个问题亟待解决：审判决在三权分立中的关系如何；涉及多项审判权交叉行使的关系如何处理和保障；民事审判权作用范围的界限与保障当事人诉权的如何协调。

“审判决”错误，应为“审判权”。

例51：他们对休闲生涯的一往情深，是来源于自家对休闲价值的体贴、比较和判断。这种判断导致了和前代不同的一种整体性价值观的嬗变，也导致了整个南宋时代的休闲取向。正如潘立勇先生等指出的那样：“过一种闲的生活并高度认同闲的价值，并非是士大夫消极的对外界、人生的逃避、否定，而是更实在、更坚定、更真实地去拥抱生活、面向生活、面向自我生命。”

“体贴”用词不当。“潘立勇先生等”为“潘立勇等先生”为合适。

例52：职业院校应依据区域社会经济发展要求设置专业，合理课程内容，以区域特色带动专业特色、课程特色的形成。

“合理课程内容”缺少动词。

例53：对《刑法》立法作出类推解释是诸多原因共同作用的结果。从根源上讲，类推解释的发生是因为法无正条；从现实意义上将，类推解释是基于制度的功利性，因为司法要用既定的法律条文应对社会生活的现实问题。

划线部分“将”错误，应为“讲”。

例54：但他们都属于制式票据，海关代征增值税款书可抵扣税款发票具有相同功能，在本质上并无太大差别，而且对于此类犯罪的行为人，大都明确了收付款凭证或者完税凭证的用途，不可能超出去预测可能。

“超出去预测可能”之“去”多余，应为“超出预测可能”。

例55：司法地方化即指司法受制于地方利益，为地方所“绑架”，呈现出一种“脱法现象”，地方法院沦落为地方衙门，司法的独立、公正等内涵与本质沦丧。司法地方化的表现出循序渐进的“三步走”战略：首先是组织结构上……

划线部分“的”字造成语句不通，应该删除。

例56：各国跨行政区划的司法管辖改革探索，纷纷是响应法治主题和传递本国特色，背后皆是有明确的原则指引。

划线部分“是”多余，应该删除。

例57：但是，企业提高自身国货意识，持续推动产品的研发和科技创新，加大质量升级和企业文化建设的力度，变换思维不断调整营销策略，使国货品牌尽早具有广泛国际影响力，则是企业做大做强永恒不变的主题。认为：“我们要把握用户的消费需求，并以此为中心探索路径，进行理念、技术、和商业模式等多角度创新，才能取得基于国民经济发展，经济全面“新常态”下的协调发展。”[12]需要学习外国企业的成功范例，总结教训经验，取长补短，探寻适合国货品牌和民族工业发展的健康良性之路，促进经济协调发展，不断造福国民，持续提高国民幸福指数，早日实现中华民族全面繁荣的“中国梦”。①

“认为：”前后文毫无关联，应该删掉。

“和商业模式”前的顿号应该删除。

例 58：大多数的解释权让渡就是在实质推理的必要和违反罪刑法定主义嫌疑的冲突下，司法机关试图将刑法解释的包袱甩给立法机关，希求以其立法者的主体地位为司法实务做出功利性地解释结论。

“做出功利性地解释结论”之“地”错误，应为“的”。

例 59：从实践来看，虽然各国学者都将重心放在讨论本国民事检察权的性质及检察机关是否有权行使该项权利上，但两大法系主要国家立法上态度一致，都肯定了检察机关的地位和改权利属性。

“权利”错误，应该是“权力”。“改权利”应该是“该权力”。

例 60：立法虽然是最不经济也最不效率的手段，但立法确实最公正最科学的手段。在理想状态下，自然希望效率和公正两大价值要素能有效协同，但在二者相互排斥时无法衡平时，就必须做出取舍。

“最不经济也最不效率”之“也”不当，可删除。

“但立法确实最公正最科学的手段”不成句，“确实”可改为“确是”或者“确实是”。

“但在二者相互排斥时无法衡平时”之“衡平”错误，应为“平衡”。“互相排斥时”之“时”应删除。

例 61：其中，年节回收欠款比例最高，多在 70% 以上；中秋节次之，约近 70%；端午节比例最低，只有 40% 多一点。各厂各节偿还欠款的比例也不均衡，谦顺厂端午节的欠款偿还比例还不到 11%，是偿还率最低的一个铁厂，而年节、中秋节却

① [12]为原文标注。具体内容为：马志强. 乔布斯：将用户体验做到极致[EB/OL]. [2015-11-12]. http://finance.ifeng.com/a/20140403/12043518_0.shtml.

高达99%左右;义兴局偿还欠款率在这三节中皆达到了99%以上;1935年年节时7个铁厂,其中有4个铁厂的还款比例在98%以上,而端节只有2个铁厂达到了这个比例。这说明五金行较为重视年节与中秋节收账,而不太重视端午节收账,这从端节收账比重平均只有40%多一点可见一斑。

“端节”应该是漏掉了“午”。

例62:田苗华以赵抃的七百多首诗歌内容分析为基础,分三章对她的生平、交游、思想以及艺术成就进行研究,认为:作为后期西昆派的代表诗人之一,赵抃诗效西昆,却又有所超越,呈现出清新劲丽的诗风。他的诗歌数量并不算多,但题材广泛、贴近生活、情感真切,显现出长于说理、以文为诗等“宋调”特质,一定程度上丰富了诗歌内涵,对诗歌在宋代的发展做出了贡献。可见,田文是在综合的前人研究成果基础上的折中之论。

“赵抃”,男性,是宋代和包拯齐名的清官,被誉为“铁面御史”。“她”错误,应该是“他”。

划线部分“综合的前人研究成果”之“的”错误,应该删除。

燕山大学出版社出版的图书制作精良,编校精细,堪称优秀作品。我们在翻阅图书时也发现了一些不规范的现象。比如在27.6万字的一本著作中,有一些不规范现象:

例1:说起水牌子,这里面也挺有意思。它是用竹片做成,长约一寸半,宽五六厘米,上边有一孔,是用来悬挂的。下边排列着几个黑色的圆圈,从一个到四个,一个圆圈就代表着一挑水,以此类推。

根据文意,“厘米”后面用句号更合适。

例2:索老板十分敬慕马浩麟的为人和艺术造诣,于一九五六年再次邀请他到索记茶馆来说书,这一次马先生概然应允。

“概然应允”应为“慨然应允”。

应该说,27.6万字的篇幅中,出现这样的问题,根据国家新闻出版广电总局颁布的《图书编校质量差错率的计算办法》,差错率远远低于国家新闻出版广电总局颁布的《图书质量管理规定》的标准,图书质量可以定为优秀。

三、提升驻秦高校出版物语言文字规范化水平的措施

应该说,驻秦高校中无论是出版社还是期刊社,编辑人员的编辑业务素质和语言文字规范化意识都已经处于比较高的水平。为了精益求精,更好地提升驻秦高校出版物的语言文字规范化水平,我们建议:

(1) 在思想上增强语言文字的规范意识,坚决贯彻执行语言文字的相关法规及规范标准。

出版社和学报编辑应该继续认真学习现行语言文字的规范和标准,在编辑工作中坚决贯彻执行国家颁布的有关语言文字规范化的相关法规及标准。如《中华人民共和国国家通用语言文字法》(2000)、《关于进一步规范出版物文字使用的通知》(新出政发[2010]11 号)、《有关量、单位和符号的一般原则》(GB 3101—1993)、《标点符号用法》(GB/T 15834—2011)、《出版物上数字用法》(GB/T 15835—2011)等等。

(2) 在具备扎实的语言文字功底的基础上,继续加强学习,不断提高自身的语言修养。

书稿和文稿中常见的语言文字错误主要有字词误用、搭配不当、成分残缺及成分多余等,学报编辑应该在这几个方面狠下功夫,使规范落实到具体的字、词和句子。正如吴波在《高校学报在语言文字规范方面的示范作用》中所言:“语言文字的规范工作,就像语言文字的创新一样,永远都没有止境。在规范使用语言文字方面,高校学报编辑的工作依然任重而道远。”①

① 吴波《高校学报在语言文字规范方面的示范作用》,《浙江师范大学学报》,2012 年第 3 期。

第六章　驻秦高校网络媒体语言文字运用状况调查

《国家中长期语言文字事业改革和发展规划纲要(2012—2020年)》明确提出“引导网络、手机等新媒体规范使用语言文字,加强对虚拟空间语言使用的研究,制定相关政策”。《国家语言文字事业“十三五”发展规划》也明确提出“强化对互联网语言文字使用的规范和管理”。

一、驻秦高校网络媒体

各个高校的门户网站已经成为展现、宣传高校的重要窗口,同时也是各大高校日常工作正常运行的重要组成部分。作为教育网站,驻秦高校的门户网站内容结构简洁明了,导航清晰,一般都包括学校概况、机构设置、招生就业、人才招聘等栏目。充分发挥了高校门户网站的两大功能:对外信息发布与宣传功能,校内用户信息获取交流的功能。

燕山大学门户网站包括学校概况、服务机构、院系设置、教育教学、师资队伍、科学研究、招生就业、人才培养、国际交流等版块。各学院(系)网站栏目一般包括学院概况、机构设置、师资队伍、人才培养、学科建设、科学研究、新闻信息、联系方式、学校首页等。各党群机关、行政部门、科研教辅机构网站栏目一般也包括机构设置、人员职责、规章制度、服务指南、联系方式、学校首页等。2017年3月燕大微信平台开通,截至2018年7月,共发布信息600多条,关注人数3.8万,最大单篇阅读量9.8万人次。

东北大学秦皇岛分校门户网站包括学校概况、院系设置、教学科研、招生就业、人才招聘、国际合作交流、创新创业、校园生活等版块。各院系网站栏目包括学院概况、师资力量、专业设置、教学科研、党建工作、学生工作、新闻快报等。各职能部门网站栏目一般包括部门概况、通知公告、工作动态、业务指导等。

河北科技师范学院门户网站包括学校概况、机构设置、办公系统、新闻概览、招生就业、人才招聘、校友信息、转型发展、审核评估等版块。各教学单位网站栏目一般包括:学院概况、教学工作、科研工作、党群工作、学生工作、招生就业、国际交流、新闻视频等。各职能部门网站栏目一般包括网站首页、机构设置、信息动态、工作流程、法规制度等。各教辅部门网站栏目一般包括首页、概况、动态、服务指南、规章制度等。

河北环境工程学院门户网站包括院情总揽、新闻网、党政机构、教学单位、人才师资、国际交流、招生就业等。各教学单位网页栏目一般有系部概况、师资队伍、教学科研、专业建设、学生工作、党团活动等。各职能部门网页栏目一般有机构设置、规章制度等。

河北对外经贸职业学院门户网站包括学院概况、机构设置、招生就业、师资建设、教学科研、校企合作、国际交流等版块。各教学机构网页栏目包括系部概况、新闻动态、教学管理、实习实训、就业服务、党团建设等。各职能部门网页栏目包括部门概况、部门动态、政策发挥、服务指南、规章制度等。

河北建材职业技术学院门户网站包括学院概况、管理机构、教学机构、招生就业、信息公开、校内系统等版块。管理机构各部门网页栏目包括部门概况、党群活动、工作展示等,各教学机构网页栏目包括系部概况、党政建设、教学科研、学生工作、招生就业等。

秦皇岛职业技术学院门户网站包括学院概况、新闻网、电子报纸、管理机构、系部设置、招生就业、师资队伍、教学科研、职教论丛等版块。各管理机构部门网页栏目包括机构职责、工作动态、政策法规等,各教学机构部门网页栏目包括系部概况、骨干校建设、专业建设、学生工作、党团建设、招生就业等。

河北农业大学海洋学院(秦皇岛校区)门户网站包括学院概况、院系设置、部门设置、教学科研、平台建设等版块。各管理机构部门网页栏目包括部门分工、部门职责、部门动态等。各院系部门网页栏目包括部门介绍、专业介绍、师资力量、部门动态等栏目。

二、驻秦高校网络媒体语言文字应用状况

无论是校园网、微信平台还是广播站、电视台,驻秦高校的语言文字规范化水平很高,极少出现语言文字应用错误现象。相较而言,新闻类栏目语言文字应用问题较多,主要表现为标点符号运用失误,另外语言文字错误也时有发生。

我们统计了燕山大学新闻网 2007 年 10 月至 2018 年 1 月发布的 4483 条综合新闻和 2007 年 10 月至 2018 年 6 月发布的 5335 条院系新闻，东北大学秦皇岛分校新闻网 2002 年 9 月至 2018 年 6 月发布的 5421 条东秦要闻，河北科技师范学院新闻概览 2008 年 4 月至 2018 年 6 月发布的 5705 条综合新闻，河北环境工程学院新闻网 2005 年 1 月至 2018 年 6 月发布的 3552 条学院要闻，河北对外经贸职业学院首页 2016 年 6 月至 2018 年 6 月发布的 496 条学院新闻，河北建材职业技术学院首页 2016 年 4 月至 2018 年 6 月公布的 893 条建院要闻，秦皇岛职业技术学院新闻网 2010 年 9 月至 2018 年 6 月发布的 2095 条校园新闻，河北农业大学海洋学院（秦皇岛校区）首页 2008 年 9 月至 2018 年 6 月发布的 880 条海洋要闻，发现以下问题：

例 1：近日获悉，在市委宣传部组织开展的征集高校思想政治理论课精品案例、推选教学名师活动中，我院思想政治教育教学部教师刘志峰的《实施精准扶贫，决胜全面建成小康社会》、王石磊的《马克思主义中国化的历史必然性》、徐春雨的《党的思想路线——“实事求是”——谈“实事求是”碑的由来》，杨颖的《经典咏流传：古诗新唱何以吸引年轻人》，于兰的《追求远大理想、坚定崇高信念》、刘丽丽的《毛泽东思想和中国特色社会主义理论体系概论》6 个案例入选“高校思想政治理论课精品案例”，刘志峰、于兰、杨颖、刘丽丽等 4 名教师荣获“教学名师”称号。（2018 年6 月12 日秦技校园新闻）

划线部分的逗号、顿号杂用，应统一使用顿号。

例 2：5 月以来，为深入开展“教育教学思想大讨论”，同时纪念五四运动 99 周年，学院党委组织策划了全体师生集中学习“习近平对青年说的那些话”系列活动。学院党政班子成员，全体师生以不同形式开展为期 20 天的集中学习和讨论。（2018 年 5 月 28 日海洋要闻）

划线部分“党政班子成员”与“全体师生”之间应该用顿号。

例 3：活动期间，党委中心组集中学习了《在实现中国梦的生动实践中放飞青春梦想》、《青年要自觉践行社会主义核心价值观》、《习近平 5 月 2 日在与北大师生座谈会上的讲话》全文，并结合学校“教育教学思想大讨论”中四个观点进行了深入讨论；各党支部和教学单位在学习的基础上针对师德师风、教学方法开展讨论，提出了若干具有实践和推广价值的建议；学生党支部和团支部则以召开主题团会、撰写心得笔记、组织志愿服务的形式参与本次活动。（2018 年 5 月 28 日海洋

要闻)

并列的书名号之间不加标点符号,划线部分的顿号应该去掉。

例4:5月18日上午,海洋学院召开农业推广硕士渔业领域专业学位授权点自评估会议。由教育部高等学校水产类专业教学指导委员会副主任委员王卫民教授、王春琳教授、常亚青教授,天津农学院乔秀亭教授,国家海水鱼和贝类体系秦皇岛试验站站长张福崇研究员组成的专家组,对海洋学院农业推广硕士渔业领域专业学位授权点进行自评估。会议由原副校长高宝嘉教授致欢迎辞,学校学位办陈焕英副主任主持,研究生学院主管培养副院长孟祥书出席会议。

　　专家组认真听取了学位点合格评估情况总结报告,查阅了有关支撑材料。经过质疑答辩,专家组肯定了本学位授权点取得的成绩,同时提出了十分中肯的建议,最后一致同意农业推广硕士渔业领域专业学位授权点自评估合格。(2018年5月22日海洋要闻)

格式错误,每段首行只需空两格即可。

例5:本届大赛由教务处、学生处、团委和创新创业教育指导中心共同主办,吸引了313组选手(团队)报名,参加人数达1595人。我院教师程银波博士,带领2017级学生王啸岳(队长)、陈亮、刘腾照、郭麟安、李鹏和韩一凡六名同学,通过预赛、初赛、复赛三轮比拼,晋级30强挺进决赛,最终摘得大赛桂冠。(2018年5月22日海洋要闻)

划线部分的逗号可以去掉。

例6:按照《中华人民共和国国家通用语言文字法》、《河北省实施〈中华人民共和国国家通用语言文字法〉办法》和河北省教育厅、河北省语言文字工作委员会关于贯彻落实《河北省实施〈中华人民共和国国家通用语言文字法〉办法》进一步做好普通话和汉字应用水平培训测试工作的通知要求,高等学校学生普通话水平应达到二级乙等以上,与口语表达密切相关专业的学生应达到二级甲等以上,对毕业前未达到要求的学生,缓发毕业证书。(2018年5月15日秦技校园新闻)

《中华人民共和国国家通用语言文字法》与《河北省实施〈中华人民共和国国家通用语言文字法〉办法》之间的顿号应该删除。另外,“河北省教育厅、河北省语言文字工作委员会关于贯彻落实《河北省实施〈中华人民共和国国家通用语言文字法〉办法》进一步做好普通话和汉字应用水平培训测试工作的通知”是2008年5

月 12 日河北省教育厅、河北省语言文字工作委员会下发的冀教语〔2008〕5 号文件，应该加上书名号。

例 7：督查组专家围绕学生必修课的开设情况；有无早操、体育文化节、课余训练队；课外活动开展情况；体质健康标准测试成绩是否作为学生评优及毕业的条件；教师培训、津贴等 15 个方面分别进行了学生和体育部教师的座谈，教务科研处副处长马薇参加了座谈。（2018 年 5 月 11 日秦技校园新闻）

分号使用不当，应该用逗号。

例 8：大会在庄严的国歌声中拉开帷幕，5 个优秀团支部，188 名先进个人先后接受表彰。（2018 年 5 月 9 日海洋要闻）

划线部分的逗号应该用顿号。

例 9：趣味运动会强调团队协作，设计了“背夹球”，“无敌烽火轮”，“珠行万里”，“袋鼠跳跳”，“巨人脚步”，“一圈到底”，“摸石过河”六个团体项目，每个项目精彩纷呈，妙趣横生，激发了大家浓厚的参与兴趣与热情。（2018 年 5 月 4 日海洋要闻）

并列的引号之间不需要加逗号。

例 10：霍峰以《新时代采暖方式的变革——清华同方热泵采暖技术介绍》为题作学术报告。报告从国家及各地区大力推进“煤改电”的相关政策、供暖通风与空气调节设计规范的相关要求、空气源热泵原理及各种核心技术、热泵采暖技术的应用、清华同方热泵采暖新产品及工程项目介绍等方面进行了详细阐述。（2018 年 4 月16 日海洋要闻）

划线部分破折号错误，应该是“新时代采暖方式的变革——清华同方热泵采暖技术介绍”。

例 11：本届国学知识竞赛以“弘扬国学，传承经典”为主题，题目范围承接上一届年代顺序为秦至南北朝。比赛采取小组得分制，共设“头脑王者”、“争分夺秒”、“手疾眼快”三个环节。我院三名选手表现突出，经过激烈比拼摘取桂冠。每一届的国学知识竞赛通过校内的海选、复赛到最后的总决赛，不仅让热爱国学的同学们对国学经典有了更深一层的认识，也让直接和间接参与的同学们深深体会到了国学的魅力。（2018 年 4 月 23 日秦技校园新闻）

划线部分并列引号之间不需加顿号。

例 12：本届燕大杯”足球甲级联赛是学校“三走”活动的重要组成部分之一。（2017 年 5 月 27 日燕大校园新闻）

引号应成对出现。

例 13：7 月 31 日——8 月 6 日，由团中央学校部、共青团辽宁省委发起的“印象辽宁 · 梦想中国”全国大学生暑期实践专项行动拉开帷幕。（2016 年 12 月 16 日燕大校园新闻）

应该用一字线连接号，即“7 月 31 日—8 月 6 日”。

例 14：比赛历时四个小时，结合培训时分析的战略战术沉着应赛，我院经济系参赛队伍认真研究了经营的市场发展趋势、产品需求、目标市场定位，分析了本企业的生产能力、人员安排，并且仔细研究了广告以及产品定价对市场占有率的影响，稳中求进经营企业，两个项目均获得了一等奖。（2018 年 6 月 5 日秦技校园新闻）

划线部分多余，应该删除。或者调至“两个项目”之前。

例 15：会上，于兰以《新时代正青春，爱国励志秉初心》为题，从爱国主义科学内涵和青年要赋予爱国主义新的时代品格两方面，生动的阐释了习近平总书记重要讲话所体现的爱国主义情怀和新时代青年要勇于奋斗的坚定信念。（2018 年 6 月 22 日秦技校园新闻）

划线部分“的”错误，应为“地”。

例 16：他希望，一要把传统有优势的专业做大、做强、做优，将校企合作延伸到南方经济发达地区，让优势专业得到进一步发展提高；二是把握好弱势新办专业的培养方向，要有前瞻性，有计划的推进专业建设工作；三是抓好学风建设工作，探索学生思想教育好方法、好手段；四是党建工作要严格规范管理，做好“三会一课”工作，强化纪律意识，筑牢思想根基。（2018 年 5 月 25 日秦技校园新闻）

划线部分“的”错误，应为“地”。

例 17：本届运动会共有 300 余名运动员参加 32 个项目的角逐，看台观众热烈而有序，运动员在赛场上勇于拼博。经过一天半比赛，信息工程系分别获得男、女团体第一名，同时被大会组委会授予体育道德风尚奖；机电工程系获团体总分第二名；水产科学系、英语与管理学系分获团体总分第三名。其中孙一瑶同学以24′37″打破我院男子 200 米记录。（2018 年 5 月 15 日海洋要闻）

“24′37″”表示24分37秒，我国中学生200米跑达标时间为35秒以内。恐怕该院男子200米记录应为24秒37。

另外，新闻页面上“′”居于行首，是不正确的。

例18：为确保本次测试规范、有序进行，基础部4月中旬，开始组织开展了普通话测试前培训，集中为学生介绍了普通话测试要求和测试方法，并针对测试中常遇到的问题进行测试技巧讲授和训练。测试工作中，工作人员严格按照市语委相关要求认真抓好考务工作，严格执行考场纪律，从核查证件、有序候考、组织备考等各环节都设专人负责，责任到人，从而保证了本次测试工作的顺利完成。（2018年5月15日秦技校园新闻）

划线部分逗号应该删除，“开始组织开展了”语词累赘，可删除“开始”。

例19：5月19日，中国大学生校园路跑接力赛（华北赛区）在北京航空航天大学举行。我院能源与动力专业1602班学生陈云鹏、李海坤与其他四名队友代表学校接力队参加比赛，在200多个对手中脱颖而出，最终荣获公开组第二名。（2018年5月24日海洋要闻）

“对手”用词不当，应为“选手”。

例20：参观学习结束后，全体党员一致表示，这次主题党日活动对全体党员来说使大家受到了一次全面生动的爱国主义教育。（2018年5月8日秦技校园新闻）

划线部分无意义重复之处甚多，应为“全体党员一致表示，本次主题党日活动使大家受到了全面生动的爱国主义教育。”

例21：学院创新创业指导中心将进一步响应创新创业时代要求，充分发挥好“KAB创业教育基地”的作用，对学院大学生的就业创业观念进行科学指导，培养他们的创业意识，帮助他们正确认识企业在社会中的作用和自我雇用，了解创办和经营企业的基本知识和实践技能，从而提升他们的创业能力和就业能力；引导青年学子将创业梦和青春梦融入中国梦，在新时代创造新的业绩。（2018年5月2日海洋要闻）

“自我雇用”错误，应为“自我雇佣”。

例22：4月27号，海洋学院第二届模拟导游大赛暨供需交流会于在电二教室举行。旅游管理专业教师和多家旅行社嘉宾参加活动并担任评委。（2018年5月

2 日海洋要闻)

“于”“在”重复,保留一个即可。

例 23:为了宣传贯彻《中华人民共和国兵役法》,海洋学院学工办组织全体在校生进行兵役登记和应征入伍动员大会。学工办负责人简要介绍了河北省高校大学生参军的相关的就业和就学优惠政策和经济待遇以及河北农业大学的激励措施。(2018 年 4 月 20 日海洋要闻)

划线部分第二个“的”字使用位置不合适,“和”字也可删减,或可调整为“参军的相关就业就学的优惠政策和经济待遇”。

例 24:清理卫生事虽小,但对党员同志的身份意识和服务意识具有显著地警醒和教育意义。就如沈汝波同志所说,为人民服务其可贵之处在于“不以善小而不为”,在于持以之恒做好每一件“小事”,在于每一名党员都把群众眼中的“小事”当作大事。(2018 年 4 月 16 日海洋要闻)

划线部分“地”错误,应该用“的”。

例 25:党委书记江书平表示,服务社会是高校的重要职能之一,针对青龙职教中心提出的对接设想,海洋学院将不遗余力的予以支持,希望通过此次对接,双方建立稳固的互访机制,加强日常沟通,并期盼教育帮扶具体事项落地见效。(2018 年 4 月 2 日海洋要闻)

划线部分“的”错误,应该用“地”。

三、提升驻秦高校网络媒体语言文字规范化水平的措施

(1) 加强新闻工作者的语言文字应用规范意识,自觉提升语言文字应用能力。

高校校内新闻的来源较为广泛,除了高校新闻工作部门外,还有下属各个机构的消息稿件,但高校新闻发布都有专门机构和人员负责把关,因此新闻工作者有必要加强自身的语言文字应用规范意识,自觉地提升自己的语言文字应用能力,树立终身学习的理念。

(2) 建立培训机制,定期进行新闻工作者语言文字应用能力的培训。

高校校内新闻编写者可能不一定出身汉语言文学或广播电视学等相关专业,因此有必要进行语言文字应用培训,定期或不定期进行规范化培训,使之熟悉并掌握我国有关语言文字的法律法规、标准规范。

(3) 建立反馈机制,督促新闻工作者重视语言文字应用问题。

建立高校语言文字督查机制。广大师生在浏览阅读新闻消息时,发现语言文字错误可以及时反馈相关部门,及时纠错。必要时相关部门可以设置一定的奖惩措施。

第七章 对驻秦高校语言文字应用状况的思考

就总体情况来看，普通话是驻秦高校的工作语言与基本交际语言，教师在教学活动中用语用字都比较规范。具体而言，生源地愈丰富的高校，普通话的使用意识愈强；综合实力越强的高校，教师的语言文字规范化水平越高。从对驻秦高校的语言文字运用调查中可以看出驻秦高校师生自觉使用普通话交流，校园语言环境良好，无论是校内公文、各式文件还是网站、宣传信息平台以及名称牌、指示牌、校风校训、标语、建筑物等用语用字都符合规范。教师在授课、教案、讲义、板书、课件、试卷、作业批改、论文指导等教育教学活动中用语用字也比较规范。尤其在语言规范意识上，教师、学生和教辅人员都有较强的自觉规范使用语言文字的意识。

但就多数高校而言，有关语言文字的法律法规和国家标准规范，诸如《中华人民共和国著作权法》《中华人民共和国国家通用语言文字法》《通用规范汉字表》《汉语拼音方案》《汉语拼音字母名称读音对照表》《普通话易读词审音表》《第一批异形词整理表》《汉语拼音正词法基本原则》《中文书刊名称汉语拼音拼写规则》《中国地名汉语拼音字母拼写规则(汉语地名部分)》《英语常用人名译写表》《出版物上数字用法》《标点符号用法》等等，非语言类专业的师生并不是十分清楚，这需要高校语言文字工作部门加大宣传力度。驻秦高校中只有一所学校的门户网站专门开设了语言文字网，对有关语言文字的法律法规和推广普通话、普通话培训等工作有介绍。其他高校在校园网上虽然设有语言文字工作专栏，而且多设在教务处网页中，但基本上是有关普通话水平的测试通知，较少介绍语言文字法律法规的内容。高校的门户网站是高校对外的窗口，同时也是高校师生获取校内信息的重要途径。而且从时效性、便利性、准确性、渠道直接性诸方面来看，通过学校网站发布、获取信息和通知都远远超过书面通知、印刷品、口头通知、公告板通知等传统信息传播。因此高校语言文字工作部门应该充分利用网络资源优势，加大加强我国语言文字法律法规和国家标准规范的宣传，扩大法律法规和标准规范的知晓度，增强高校师生学习、知晓、遵守法律法规和标准规范的意识，从而加强高校师生规范应用语言文字的意识。

说普通话、写规范字是教师的必备条件，是教师的基本素质。拥有具备规范语言文字能力的教师队伍，才能搞好学校的语言文字工作。高校师资管理部门应该建立起长期有效的教师规范汉字及普通话提升方案和评价方案，加强对教师的监督检查和培训提高，明确将教师语言文字规范工作纳入到教师继续教育中来，建立长效机制，使高校教师语言文字能力提升常规化、制度化。

学生的语言文字要高标准严要求，在义务教育阶段具备说普通话、写规范字的能力，到了高等教育阶段还应该进一步巩固和提高。高校有关部门可以考虑在课程设置方面增加语言文字训练与考核，在课外可以积极开展形式多样的校园文化活动，为学生提高语言表达能力提供广阔的校园平台。

净化校园语言文字的环境，包括客观环境和虚拟环境，即线下环境和线上环境。定期对校园公共场所的标语、海报、公告栏等用字进行检查，定期对学校门户网站、微信平台等进行检查，掌握不规范的使用情况，并将结果上报到校语言文字委员会，由其负责部署整改措施，并进行监督与管理。

参考文献

[1] 柴世森,等.普通话教程[M].北京:语文出版社,1990.

[2] 陈淑静.河北保定地区方言的语音特点[J].方言,1986(2):112-115.

[3] 丁琳,姜堰.方言声调实验研究[D].南京:南京师范大学,2005.

[4] 冯青青.哈尔滨方言声调格局的实验研究[J].辽宁工程技术大学学报(社会科学版),2008(3):288-291.

[5] 国家语言文字工作委员会.中国语言生活状况报告(2017)[M].北京:商务印书馆,2017.

[6] 国家语言文字工作委员会.中国语言生活状况报告(2018)[M].北京:商务印书馆,2018.

[7] 河北北京师范学院,中国科学院河北省分院语言研究所.河北方言概况[M].石家庄:河北人民出版社,1961.

[8] 河北省地方志编纂委员会.河北省志·方言志[M].北京:方志出版社,2005.

[9] 贾俊玲.大学生论文中语言文字不规范现象综合考察[D].哈尔滨:哈尔滨师范大学,2012.

[10] 教育部语言文字信息管理司.中国语言生活状况报告(2014)[M].北京:商务印书馆,2014.

[11] 教育部语言文字信息管理司.中国语言生活状况报告(2015)[M].北京:商务印书馆,2015.

[12] 教育部语言文字信息管理司.中国语言生活状况报告(2016)[M].北京:商务印书馆,2016.

[13] 李丽.说说"强项"[J].语言科学,2006(3):93-96.

[14] 李丽."熊抱"和"蝶吻"[J].语文建设,2008(1):56-57.

[15] 李丽.试说"莫贺郎"[J].时代文学(下半月),2011(9):192.

[16] 李荣.汉语方言的分区[J].方言,1989(4):241-259.

[17] 刘斌.高校教师必须加强语言文字的规范运用[J].北京联合大学学报,2002(增刊1):42-44.

[18] 刘俐李.汉语声调论[M].南京:南京师范大学出版社,2004.

[19] 刘俐李.江淮方言声调实验研究和折度分析[M].成都:巴蜀书社,2007.

[20] 平悦铃.吴语声调的实验研究[M].上海:复旦大学出版社,2001.

[21] 钱曾怡.汉语官话方言研究[M].济南:齐鲁书社,2010.

[22] 秦皇岛市人民政府地方志办公室.秦皇岛市志(1979—2010)[M].北京:方志出版社,2009.

[23] 施麟麒.政府网站语言文字规范评估简论[J].当代修辞学,2017(1):53-61.

[24] 石峰.贯彻语言文字规范,推动新闻出版事业繁荣发展——在纪念国务院《关于公布〈汉字简化方案〉的决议》和《关于推广普通话的指示》发布50周年座谈会上的发言[J].现代语文(语言研究版),2006(4):8.

[25] 石锋,王萍.北京话单字音声调的分析[J].中国语文,2006(1):33-40.

[26] 石锋.实验音系学与汉语语音分析[J].南开语言学刊,2006(2):10-25.

[27] 石锋.语音格局[M].北京:商务印书馆,2008.

[28] 石锋.语音学探微[M].北京:北京大学出版社,1990.

[29] 屠国平.大学生汉语言文字能力现状调查与对策研究[J].中国大学教学,2009(12):76-79.

[30] 吴波.高校学报在语言文字规范方面的示范作用——兼论学报编辑对待媒体流行语的态度[J].浙江师范大学学报(社会科学版),2012(3):83-89.

[31] 吴继章,等.河北省志·方言志[M].北京:方志出版社,2005.

[32] 吴希斌.大学生语言文字应用现状分析及对策[J].沈阳师范大学学报(社会科学版),2014(1):96-98.

[33] 吴宗济,林茂灿.实验语音学概要[M].北京:高等教育出版社,1989.

[34] 杨萌.秦皇岛方言f、x混读及ts、tʂ混读现象研究[D].石家庄:河北师范大学,2010.

[35] 詹伯慧.广东地区社会语言文字应用问题调查研究[M].广州:暨南大学出版社,2000.

[36] 张树铮. 论保唐片方言的归属[J]. 山东大学学报(哲学社会科学版),2012(4):147-153.

[37] 张妍,石锋. 普通话单字音声调的统计分析[J],中国语音学报,2016(1):38-45.

[38] 中国社会科学院语言研究所,等. 中国语言地图集[M]. 2 版. 北京:商务印书馆,2012.

[39] 朱晓农. 基频归一化——如何处理声调的随机差异[J]. 语言科学,2004(2):3-19.

附录

1. 练习发音文本

1	天(tiān)	6	家(jiā)
2	地(dì)	7	人(rén)
3	年(nián)	8	师(shī)
4	对(duì)	9	生(shēng)
5	错(cuò)	10	中(zhōng)

2. 发音文本

1	八(bā)	7	米(mǐ)
2	拔(bá)	8	密(mì)
3	靶(bǎ)	9	朱(zhū)
4	爸(bà)	10	竹(zhú)
5	咪(mī)	11	主(zhǔ)
6	迷(mí)	12	住(zhù)

3. 发音人基本信息

序号	发音人	年龄	生长地	序号	发音人	年龄	生长地
1	男$_1$	22	河南	1	女$_1$	21	河南
2	男$_2$	22	黑龙江	2	女$_2$	24	黑龙江
3	男$_3$	23	黑龙江	3	女$_3$	20	黑龙江
4	男$_4$	23	吉林	4	女$_4$	20	吉林
5	男$_5$	22	辽宁	5	女$_5$	20	辽宁
6	男$_6$	23	湖北	6	女$_6$	22	湖北
7	男$_7$	21	湖南	7	女$_7$	21	湖南
8	男$_8$	22	江西	8	女$_8$	21	江西
9	男$_9$	20	江西	9	女$_9$	21	江西

续表

序号	发音人	年龄	生长地	序号	发音人	年龄	生长地
10	男$_{10}$	23	内蒙古	10	女$_{10}$	22	内蒙古
11	男$_{11}$	22	山东	11	女$_{11}$	19	山东
12	男$_{12}$	22	山西	12	女$_{12}$	21	山西
13	男$_{13}$	23	山西	13	女$_{13}$	22	山西
14	男$_{14}$	24	陕西	14	女$_{14}$	22	陕西
15	男$_{15}$	20	陕西	15	女$_{15}$	21	陕西
16	男$_{16}$	22	天津	16	女$_{16}$	20	天津
17	男$_{17}$	23	天津	17	女$_{17}$	19	天津
18	男$_{18}$	22	新疆	18	女$_{18}$	22	新疆
19	男$_{19}$	22	云南	19	女$_{19}$	21	四川
20	男$_{20}$	23	云南	20	女$_{20}$	22	重庆
21	男$_{21}$	23	浙江	21	女$_{21}$	19	浙江
22	男$_{22}$	20	黑龙江	22	女$_{22}$	19	河北
23	男$_{23}$	21	福建	23	女$_{23}$	20	河北
24	男$_{24}$	21	河北	24	女$_{24}$	22	河北
25	男$_{25}$	18	河北	25	女$_{25}$	21	河北
26	男$_{26}$	20	河北	26	女$_{26}$	21	河北
27	男$_{27}$	21	河北	27	女$_{27}$	22	河北
28	男$_{28}$	22	河北	28	女$_{28}$	22	河北
29	男$_{29}$	21	河北	29	女$_{29}$	25	河北
30	男$_{30}$	22	河北	30	女$_{30}$	26	河北
31	男$_{31}$	22	河北	31	女$_{31}$	24	河北
32	男$_{32}$	25	河北	32	女$_{32}$	24	河北
33	男$_{33}$	23	河北	33	女$_{33}$	23	河北
34	男$_{34}$	23	河北	34	女$_{34}$	44	黑龙江
35	男$_{35}$	23	河北	35	女$_{35}$	54	河北
36	男$_{36}$	23	河北	36	女$_{36}$	45	山西

续表

序号	发音人	年龄	生长地	序号	发音人	年龄	生长地
37	男$_{37}$	54	河北	37	女$_{37}$	54	辽宁
38	男$_{38}$	54	河北	38	女$_{38}$	59	辽宁
39	男$_{39}$	63	吉林	39	女$_{39}$	36	河北
40	男$_{40}$	50	河北	40	女$_{40}$	36	河北
41	男$_{41}$	53	河南	41	女$_{41}$	36	吉林
42	男$_{42}$	40	河北	42	女$_{42}$	37	河北
43	男$_{43}$	40	重庆	43	女$_{43}$	42	河北
44	男$_{44}$	42	吉林				
45	男$_{45}$	29	辽宁				
46	男$_{46}$	46	河北				

图索引、表索引

图索引

表索引

后记

本书是河北省高等学校人文社会科学研究项目语言文字研究专项的结项成果。调查工作历时较长,涉及面也较广,得到了诸多师友的大力协助,在此一并表示感谢。

感谢燕山大学吴勇、李景春、谢中起、李龙海、韩兆柱、张鸿石、汪吉友、吕霓、何强、石敦国、孙志璞、张金明、冯月季、司景辉、陈胜、王奕骅、李玉杰、麻玉霞、徐敏、苗俊玲、张亚军、武红羽、刘伟、姚爱巧、沈琳、巩蕊、赵婧、于芳、王柏娜、王艳红、武文波等诸位老师提供语音帮助;感谢燕山大学吕世君、刘峰、张辉辉等诸位老师提供声源帮助;感谢燕山大学朴波老师、江南大学马克思主义学院万长松老师、东北大学秦皇岛分校王建老师提供信息帮助;感谢北京语言大学郑梅博士提供技术支持;感谢张海鸥、任旭、孟钦钰、封胜楠、王月、申树、尚琳琳、田华萍、贾亚飞、郑文月、秦飞龙、马畅等同学细致的语音标注工作;感谢赵晴、王宇杰、郑皓月、李慧琳、李宁宁、谷可、王子瑶、王雅欣、付志超等同学不辞辛苦的资料收集工作。

感谢燕山大学东区广播站提供录音设备与场所。感谢燕山大学莘莘学子对录音工作的大力支持。

感谢燕山大学出版社愿意为本书提供出版的机会。感谢燕山大学出版社陈玉社长,感谢燕山大学出版社编辑柯亚莉老师。

李　丽

2018 年冬